Dados para uma Melhor Governança

Este livro, juntamente com qualquer conteúdo associado ou atualizações subsequentes, pode ser acessado em: https://hdl.handle.net/10986/42413.

Declaração de divulgação de inteligência artificial: WB-Translate, desenvolvido pela unidade de Tradução e Interpretação de Soluções Corporativas Globais do Banco Mundial e executado na tecnologia de Redes Neurais da Microsoft por meio dos Serviços do Azure, foi usado em junho de 2025 para traduzir o texto original em inglês. O texto foi revisado e modificado por tradutores do Centro Latinoamericano de Administración para el Desarrollo (CLAD).

Reproducible Research Repository

https://reproducibility.worldbank.org

Um pacote de reprodutibilidade está disponível para este livro no Reproducible Research Repository em https://reproducibility.worldbank.org/index.php/catalog/209.

Leia o código QR para saber mais sobre a coleção do Government Analytics.

Dados para uma Melhor Governança

Criando Ecossistemas de Análise Governamental na América Latina e no Caribe

JUAN FRANCISCO SANTINI,
FLAVIA SACCO CAPURRO,
DANIEL ROGGER, TIMOTHY LUNDY,
GALILEU KIM, JORGE DE LEÓN MIRANDA,
SERENA COCCIOLO E CHIARA CASANOVA

Traduzido pelo Centro Latinoamericano de Administración para el Desarrollo (CLAD)

GRUPO BANCO MUNDIAL

© 2026 Banco Internacional para Reconstrução e Desenvolvimento/Banco Mundial
1818 H Street NW, Washington, DC 20433
Telefone: 202-473-1000; Internet: www.worldbank.org

Alguns direitos reservados

1 2 3 4   29 28 27 26

Esta obra foi publicada originalmente em inglês pelo Banco Mundial como *Data for Better Governance: Building Government Analytics Ecosystems in Latin America and the Caribbean* em 2024. Em caso de discrepâncias, prevalece o idioma original.

Esta obra foi produzida pelo pessoal do Banco Mundial com contribuições externas. As apurações, interpretações e conclusões aqui expressas não refletem necessariamente as opiniões do Banco Mundial, de seu Conselho Diretor ou dos governos que representam.

O Banco Mundial não garante a exatidão, integridade ou atualidade dos dados apresentados nesta obra e não assume a responsabilidade por erros, omissões ou discrepâncias nas informações, nem pelo uso ou não de informações, métodos, processos ou conclusões apresentados. As fronteiras, cores, denominações, links/notas de rodapé e outras informações apresentadas nesta obra não indicam qualquer julgamento por parte do Banco Mundial quanto à situação jurídica de algum território, nem o endosso ou a aceitação de tais fronteiras. A menção a obras de terceiros não significa que o Banco Mundial endossa as opiniões expressas por esses autores ou o conteúdo de suas obras. Algumas ferramentas de inteligência artificial ("IA") podem ter sido usadas na criação desta obra, conforme indicado na própria obra, mas todas as ações transformadoras e criativas relacionadas à obra foram realizadas pela equipe do Banco Mundial ou por colaboradores externos. O Banco Mundial não se responsabiliza por quaisquer reivindicações, inclusive em relação a erros ou informações imprecisas, resultantes de programas de IA que não sejam controlados ou pertencentes ao Banco Mundial.

Nada aqui constitui ou deve ser interpretado ou considerado como uma limitação ou renúncia aos privilégios e imunidades do Banco Mundial, todos os quais são especificamente reservados.

Direitos e permissões

Esta obra está disponível sob licença da Creative Commons Attribution 3.0 IGO (CC BY 3.0 IGO): http://creativecommons.org/licenses/by/3.0/igo. Nos termos da licença da Creative Commons Attribution, o usuário pode copiar, distribuir, transmitir e adaptar esta obra, inclusive para fins comerciais, nas seguintes condições:

Atribuição — Favor citar a obra como segue: Santini, Juan Francisco, Flavia Sacco Capurro, Daniel Rogger, Timothy Lundy, Galileu Kim, Jorge de León Miranda, Serena Cocciolo e Chiara Casanova. 2026. *Dados para uma Melhor Governança: Criando Ecossistemas de Análise Governamental na América Latina e no Caribe.* Washington, DC: Banco Mundial. doi: 10.1596/978-1-4648-2323-7. Licença: Creative Commons Attribution CC BY 3.0 IGO

Tradução — Se for feita uma tradução desta obra, o seguinte termo de isenção de responsabilidade deve ser acrescentado juntamente com a atribuição: *Esta tradução não foi feita pelo Banco Mundial e não deve ser considerada uma tradução oficial do Banco Mundial. O Banco Mundial não se responsabiliza pelo conteúdo nem por qualquer erro desta tradução.*

Adaptações — Se for feita uma adaptação desta obra, o seguinte termo de isenção de responsabilidade deve ser acrescentado juntamente com a atribuição: *Esta é uma adaptação de uma obra original do Banco Mundial. Pontos de vista e opiniões expressos na adaptação são de inteira responsabilidade do autor ou autores da adaptação e não são endossados pelo Banco Mundial.*

Conteúdo de terceiros — O Banco Mundial não é necessariamente proprietário de todos os componentes do conteúdo incluídos na obra. Portanto, o Banco Mundial não garante que o uso de algum componente individual de terceiros ou parte do conteúdo da obra não infrinja direitos de terceiros. O risco de reivindicações resultantes de tal violação recai inteiramente sobre o usuário. Se o usuário desejar reutilizar um componente da obra, recairá sobre ele a responsabilidade de determinar se é necessária permissão para tal reutilização, bem como obter a referida permissão junto ao proprietário dos direitos autorais. Exemplos de componentes podem incluir, embora não de forma exclusiva, tabelas, figuras ou imagens.

Todas as consultas sobre direitos e licenças devem ser endereçadas a World Bank Publications, The World Bank Group, 1818 H Street NW, Washington, DC 20433, USA; e-mail: pubrights@worldbank.org.

ISBN (papel): 978-1-4648-2323-7
ISBN (eletrônico): 978-1-4648-2324-4
DOI: 10.1596/978-1-4648-2323-7

Imagem da capa: © Pixel Matrix / Adobe Stock. Usada com a permissão de Pixel Matrix / Adobe Stock. É necessária permissão adicional para reutilização.

Design da capa: Bill Pragluski, Critical Stages, LLC.

Conteúdo

QUADROS

FIGURAS

MAPA

TABELAS

Prefácio

A melhora da qualidade da governança é fundamental para praticamente todas as agendas da América Latina e do Caribe (ALC), sejam elas a prestação de serviços sociais melhores e mais responsivos, a aceleração do crescimento, a garantia da segurança pública ou o apoio a áreas mais atrasadas. Além disso, os altos níveis de serviço da dívida e a ausência de espaço fiscal público exigem que os recursos disponíveis sejam usados da forma mais eficiente possível.

A região da ALC está bem posicionada para progredir em relação a esses desafios. Os países investiram muito nos últimos 20 anos na criação de sistemas de informação para sustentar as atividades governamentais. Os dados armazenados e rastreados em sistemas de informações de gerenciamento digital na região agora abrangem uma média de 79 % do total de receitas e subsídios do governo e pelo menos 40 % do total de gastos do governo central.

Em cada byte desses dados, há uma oportunidade de fortalecer a qualidade da governança da região. Cada byte funciona não apenas como um registro dos negócios do governo, mas também como um diagnóstico de seus pontos fortes e fracos. O reaproveitamento dos dados administrativos do governo para fortalecer a administração pública é o que o Banco Mundial chamou de "analítica governamental". De acordo com as transformações das empresas do setor privado com base no valor inerente a grandes coleções de dados, o setor público tem a oportunidade de mudar sua própria função de produção para uma melhor prestação de serviços e um governo mais eficaz.

Esse reaproveitamento dos dados administrativos do governo para fins de diagnóstico é desafiador e exige que os sistemas de dados sejam disponibilizados aos analistas e que estes tenham a capacidade de fornecer percepções úteis a partir desses dados. Isso requer a equipe certa nos lugares certos, uma cultura de elaboração de políticas baseadas em evidências e um compromisso nacional ao longo do tempo.

Este relatório explora até que ponto os governos da ALC estão de fato analisando seus dados administrativos para fortalecer o funcionamento da administração pública. O panorama é que a analítica governamental está sendo feita na ALC, mas seu potencial permanece em grande parte inexplorado. Há pouca visão estratégica de longo prazo, o treinamento é ad hoc e díspar, e os sistemas de dados poderiam ser melhor coordenados.

Como mostram os exemplos apresentados no *The Government Analytics Handbook* (2023), o impacto de aproveitar o nosso potencial regional para desenvolver a analítica governamental em termos de desempenho e eficiência é enorme, gerando centenas de milhões de dólares em receita governamental adicional, melhor gerenciamento de pessoal e melhorias imediatas no direcionamento de recursos para escolas e fornecimento de saúde com melhor capacidade de resposta. Este volume da coleção Government Analytics oferece um roteiro para concretizar esse potencial e um vínculo entre estudos acadêmicos e medidas práticas de políticas. Ainda há muito a ser feito.

William F. Maloney
Economista-chefe, região da América Latina e do Caribe
Ex- economista-chefe, Vice-Presidência de Crescimento Equitativo,
Finanças, e Instituições Banco Mundial

Reconhecimentos

Este relatório é um produto do Bureaucracy Lab, uma parceria entre a Prática Global de Governança (GGP) e o Grupo de Impacto no Desenvolvimento (DECDI) do Banco Mundial. Foi produzido em colaboração com a GGP — em particular, a Equipe de Governança na Região da América Latina e do Caribe (ALC); a Unidade Global de Dados e Análise de Instituições Públicas; e a Unidade Global de Administração Pública. O relatório é financiado pelo Escritório do Economista-Chefe da ALC, com o objetivo de avaliar e fornecer orientação sobre como fortalecer o uso da análise para os governos da região. O relatório foi produzido por uma equipe central composta por Chiara Casanova, Serena Cocciolo, Jorge de León Miranda, Galileu Kim, Timothy Lundy, Daniel Rogger, Flavia Sacco Capurro e Juan Francisco Santini. Gostaríamos de agradecer a uma ex-consultora do Bureaucracy Lab, Anna Paula Matos, que contribuiu para este relatório em seus estágios iniciais.

O relatório foi produzido sob a orientação geral de William F. Maloney (economista-chefe, ALC), Arianna Legovini (diretora, DECDI), Arturo Herrera (diretor global, GGP), Oscar Calvo-Gonzalez (diretor regional, ALC) e Chiara Bronchi (gerente de prática, Unidade Global de Dados e Análises de Instituições Públicas da GGP). Somos gratos a Eric Arias (economista), Elizabeth Grandio (especialista sênior em aquisições), Zahid Hasnain (especialista líder em governança), Silvana Kostenbaum (especialista sênior do setor público), Alberto Leyton (gerente de prática, GGP), Bernard Myers (especialista sênior do setor público), Diana Parra Silva (especialista sênior do setor público), Francesca Recanatini (economista-chefe), Ruben Ruano Chinchilla (especialista sênior do setor público), Luciano Wuerzius (especialista sênior em aquisições) e às equipes de Governança e Aquisições da ALC pela orientação e apoio gerais. Agradecemos a Cem Dener (especialista líder do setor público), Hunt La Cascia (especialista sênior do setor público) e Hubert Nii-Aponsah (consultor) e à equipe da GovTech por sua generosa orientação na estruturação do relatório e na implementação de uma pesquisa regional sobre analítica governamental. Também estendemos nossa gratidão aos três revisores da nota conceitual do relatório: Adrian Fozzard (gerente de prática), Sebastian Galiani (professor da Universidade de Maryland) e Daniel Ortega (especialista líder em governança) por seus comentários perspicazes e orientações valiosas durante a elaboração deste relatório. Agradecemos aos três revisores da versão final do relatório — Cem Dener, Julia Michal Clark, e Daniel Ortega — por seus comentários úteis. Por fim, gostaríamos de agradecer a Mariano Lafuente, Carlos Pimenta, Alejandro Rasteletti e David Rivera, do Banco Interamericano de Desenvolvimento, por compartilharem sua experiência no desenvolvimento da analítica na América Latina e no Caribe, bem como a Charlotte van Ooijen e Luanna Roncaratti, por compartilharem seus conhecimentos sobre governo digital.

Por fim, gostaríamos de agradecer aos funcionários do governo que foram parceiros na concepção e criação das evidências apresentadas neste relatório. Mais de 100 funcionários do governo de 20 países coordenaram a conclusão da pesquisa sobre analítica governamental na América Latina e no Caribe, e suas contribuições foram essenciais para a conclusão do relatório. Em especial, gostaríamos de agradecer a Charlene Laing (Bahamas), Nicola Callender (Barbados), Maria Pech e Alexia Peralta (Belize), Khantuta Muruchi e Francisco Belmonte (Bolívia), Ciro Avelino e Ronnie Dilli (Brasil), Jose Inostroza e Rafael Hernández (Chile), Manuela Serrano (Colômbia), Erick Mora (Costa Rica), Jermaine Jean-Pierre (Dominica), Alejandra Perez e Edwin Rodriguez (República Dominicana), Juan Yepez (Equador), Hugo Forkel e Daniel de León (Guatemala), Heidy Alachán (Honduras), Gary Campbell e Anika Shurrleworth (Jamaica), Evelyn Rodriguez (Panamá), Laura Salinas (Paraguai), Darwin Quispe (Peru), Caswallon Duncan (São Vicente e Granadinas), Shelley-Ann Clarke e Natasha Ottley (Trinidad e Tobago) e Ignacio Velazco (Uruguai).

Sobre esta coleção

Este relatório faz parte de uma coleção do Banco Mundial que examina como a análise usando microdados do governo está revolucionando a administração pública em todo o mundo. A coleção é baseada no *The Government Analytics Handbook* (2023), um guia abrangente sobre o uso de dados para entender e melhorar o governo. A coleção engloba guias práticos e recursos para formuladores de políticas e funcionários públicos de todo o mundo que buscam melhorar o funcionamento do governo usando melhor seus dados administrativos e de pesquisa. A coleção inclui *o Manual de Analítica Governamental* e ferramentas associadas, bem como relatórios, dados e abordagens específicos de cada região para profissionais que buscam um entendimento mais profundo da anlítica governamental.

O princípio geral do *Manual* é o seguinte: governos de todo o mundo tomam milhares de decisões de gerenciamento de pessoal, adquirem milhões de bens e serviços e executam bilhões de processos todos os dias. Eles são ricos em dados. No entanto, até o momento, há pouca prática sistemática que aproveite esses dados para fazer as administrações públicas funcionam melhor. Isso significa que os governos não estão aproveitando os dados para economizar bilhões em gastos com aquisições, recrutar melhores talentos para o governo e identificar fontes de corrupção — para citar apenas alguns exemplos.

O *Manual* busca mudar isso. Ele apresenta evidências inovadoras e percepções de profissionais sobre como aproveitar os dados para fazer com que os governos trabalhem melhor. Abrangendo uma série de fontes de microdados, como dados administrativos e pesquisas com funcionários públicos, bem como ferramentas e recursos para a realização de análises e transformar a capacidade dos governos de adotar uma abordagem baseada em dados para diagnosticar e melhorar o funcionamento das organizações públicas.

Ao longo deste relatório, estes balões serão usados para indicar os capítulos do *Government Analytics Handbook*, onde você poderá saber mais sobre cada tópico abordado no relatório.

Sobre os autores

Chiara Casanova é especialista em marketing e comunicação no Departamento de Impacto no Desenvolvimento. Ela é uma profissional experiente em comunicações estratégicas, especializada em projetos de impacto social e desenvolvimento, com experiência em assuntos públicos e comunicações corporativas. Sua ampla experiência é baseada no desenvolvimento e implementação de estratégias de comunicação integrada para clientes privados, sem fins lucrativos e de desenvolvimento internacional. Ela tem mestrado em relações públicas e comunicações corporativas pela Universidade de Georgetown.

Serena Cocciolo é economista da Prática Global de Governança do Banco Mundial para o Oriente Médio e Norte da África e membro do Bureaucracy Lab. Seu trabalho tem se concentrado no fortalecimento de administrações públicas, contratações públicas, instituições e governança. Ingressou no Banco Mundial após concluir sua dissertação sobre a participação da comunidade em projetos de desenvolvimento e aplicações de campo no setor de água e educação. Ela tem um doutorado em economia pela Universidade de Estocolmo.

Jorge de León Miranda é um profissional de pesquisa e gerenciamento de projetos com mais de 10 anos de trabalho em desenvolvimento internacional com foco em gestão do setor público, gestão financeira pública, política fiscal, macroeconomia e educação. Seus projetos abrangeram vários países da América Latina e do Caribe, África, Oriente Médio e Ásia Central. Ele também ocupou cargos na Ernst and Young, no Banco Interamericano de Desenvolvimento, no Fundo Monetário Internacional e no Ministério da Economia da Guatemala. Ele tem um mestrado em economia e finanças internacionais pela Escola de Estudos Internacionais Avançados da Universidade Johns Hopkins.

Galileu Kim é especialista do setor público na Unidade Global de Dados e Análises de Instituições Públicas na Prática Global de Governança do Banco Mundial. Seu trabalho se concentra em como os governos podem aproveitar os dados e a análise para melhorar a administração pública, com foco metodológico em dados administrativos em larga escala. Ele é membro do Bureaucracy Lab do Banco Mundial e ex-pesquisador do Departamento de Impacto no Desenvolvimento do Banco Mundial. Ele é pesquisador da Escola Nacional de Administração do Brasil, tem um doutorado em Ciência Política pela Universidade de Princeton.

Timothy Lundy é editor e consultor de redação no Departamento de Impacto no Desenvolvimento do Banco Mundial. Tem doutorado em inglês e literatura comparada pela Universidade de Columbia.

Daniel Rogger é economista sênior do Departamento de Impacto no Desenvolvimento do Banco Mundial. Ele gerencia a unidade de Governança e Fortalecimento Institucional do grupo e é colíder do Bureaucracy Lab do Banco Mundial, uma colaboração entre o grupo e a Prática Global de Governança que visa unir a pesquisa e a política para fortalecer a administração pública. Sua pesquisa se concentra na organização do fornecimento de bens públicos. É cofundador do Worldwide Bureaucracy Indicators, da Pesquisa Global de Servidores Públicos e das iniciativas Microdados e Evidências para a Ação Governamental. Foi bolsista de doutorado no Instituto de Estudos Fiscais, onde agora é pesquisador internacional. Ele tem um doutorado em economia pela University College de Londres.

Flavia Sacco Capurro é coordenadora de dados no Departamento de Impacto no Desenvolvimento do Banco Mundial e trabalha em questões relacionadas a empregos e reformas no setor público, analítica governamental e gênero no setor público. Antes de ingressar no grupo, foi consultora na Prática Global de Pobreza e Equidade na região da América Latina e do Caribe, trabalhando em projetos relacionados à análise da pobreza, desigualdade, gênero, desenvolvimento social e política fiscal. Anteriormente, trabalhou para o governo do Paraguai no Ministério de Planejamento Econômico e Social. Ela tem mestrado em políticas públicas pela Universidade de Chicago.

Juan Francisco Santini é pesquisador da unidade de Governança e Fortalecimento Institucional do Departamento de Impacto no Desenvolvimento do Banco Mundial, membro do Bureaucracy Lab do Banco Mundial e pesquisador visitante da Escola Nacional de Administração Pública do Brasil. Antes de ingressar no Banco Mundial, ele foi pesquisador da Inovação para a Ação contra a Pobreza e trabalhou para o Banco Interamericano de Desenvolvimento, entre outras instituições. Seus interesses de pesquisa e política estão na economia do desenvolvimento, particularmente sua interseção com a economia pública e a gestão pública. Ele tem um doutorado em economia pela Pontifícia Universidade Católica do Rio de Janeiro, Brasil.

Mensagens principais

Os governos da América Latina e do Caribe enfrentam desafios complexos de desenvolvimento, desde a desaceleração do crescimento econômico e da inflação até as persistentes deficiências institucionais em todo o setor público. O fortalecimento do funcionamento do governo para responder efetivamente a esses desafios exige uma compreensão detalhada do que está falhando e onde. Isso requer diagnósticos baseados em informação detalhada e em tempo real e a capacidade de cada servidor público de agir.

Os governos já têm os dados necessários para enfrentar os desafios que têm pela frente. Eles vêm produzindo e coletando dados detalhadamente há muitos anos, mas eles precisam ser capazes de analisar os dados que coletam no curso de suas operações diárias para informar as decisões gerenciais em todas as funções do governo. Por exemplo, os dados sobre práticas de recrutamento podem informar as decisões de gerenciamento de recursos humanos, os dados sobre atrasos de pagamento podem melhorar os processos de aquisição e os dados sobre a conformidade tributária podem ajudar a criar instrumentos fiscais. O fato de não aproveitar as vantagens da dados que agora estão sendo coletados em sistemas digitais em toda a região, os governos estão deixando quantias substanciais de dinheiro na mesa e diminuindo seu impacto na vida dos cidadãos.

Dados para uma melhor governança: Criação de Ecossistemas analíticos governamentais na América Latina e no Caribe fornece uma estrutura conceitual e evidências empíricas para avaliar como os governos usam dados administrativos para melhorar o funcionamento do Estado e destaca as oportunidades de melhoria. Os governos da América Latina e do Caribe são líderes mundiais na digitalização do trabalho governamental, mas não usam sistematicamente os dados que coletaram para diagnosticar e melhorar seu funcionamento. Isso representa uma oportunidade perdida.

O relatório oferece aos governos dessa região e de outras regiões um roteiro para a *analítica governamental*, que reaproveita os dados governamentais para melhorar a eficiência e a eficácia de cada aspecto do funcionamento do governo. Ele identifica as condições essenciais que possibilitam a analítica governamental — infraestrutura de dados e recursos analíticos — e oferece estratégias para fortalecê-las. O relatório baseia-se em dados de uma pesquisa com servidores públicos de 20 países da América Latina e do Caribe que são especialistas em funções governamentais essenciais e nos sistemas de informação gerencial respectivos bem como 12 estudos de caso de iniciativas analíticas, para apresentar as principais conclusões e recomendações a seguir.

EXPANDIR O USO DA ANALÍTICA GOVERNAMENTAL NA AMÉRICA LATINA E NO CARIBE

O uso da analítica na América Latina e no Caribe varia entre as funções governamentais e as áreas do governo. Há também uma heterogeneidade significativa nos sistemas e práticas usadas nos países. Isso sugere que os governos não têm uma abordagem sistemática de análise para toda a administração pública. O qual também representa uma oportunidade de troca de ideais, permitindo que os países compartilhem suas experiências e adotem práticas bem-sucedidas demonstradas por seus pares.

Os governos da região podem usar a analítica avançada de forma mais abrangente para enfrentar desafios complexos de desenvolvimento. Os governos usam predominantemente dados administrativos para produzir analítica descritivas para fins operacionais e transacionais, mas perdem oportunidades de usar analíticas avançadas para melhorar a tomada de decisões, elaborar políticas públicas mais eficazes e eficientes e fortalecer o funcionamento do setor público e a prestação de serviços.

O impacto da analítica governamental já está sendo sentido na região. Por exemplo, o Equador e o Peru arrecadaram milhões de dólares em receita tributária adicional a través da análise dos dados transacionais e externos para detectar evasão e alocar melhor os recursos para a aplicação da lei. A Guatemala melhorou os serviços de educação analisando os dados dos alunos para identificar e apoiar alunos em situação de risco de abandono, reduzindo as taxas de evasão escolar em 9 % para alunos em um momento crucial de sua educação. Esses exemplos demonstram que os governos podem usar a análise para melhorar muitos aspectos diferentes de suas operações e aproveitar a riqueza de dados contidos em seus sistemas de informações gerenciais.

CRIAÇÃO DE CONDIÇÕES FAVORÁVEIS PARA A ANALÍTICA GOVERNAMENTAL

Os governos precisam concluir a digitalização de seus sistemas de informações gerenciais. Dois terços dos especialistas pesquisados informaram que seus sistemas não são totalmente digitalizados. Os níveis de digitalização variam substancialmente de acordo com a função do governo: os sistemas de informação para tributação e gestão financeira pública apresentam um grau relativamente alto de digitalização, enquanto os sistemas de informação de gerenciamento de saúde têm o menor grau de digitalização.

A digitalização incompleta gera problemas de infraestrutura de dados que impedem que os governos aproveitem totalmente seus dados administrativos para melhorar a elaboração e a implementação de políticas.

Dados integrados e de alta qualidade são essenciais para a análise, mas a fragmentação dos dados e os sistemas de informação isolados restringem a digitalização. A infraestrutura de dados limita a qualidade e a acessibilidade dos dados administrativos, o que dificulta o uso desses dados pelas organizações para a análise e elaboração de políticas. Quando os sistemas de informações gerenciais são fragmentados, vários subsistemas funcionam de forma independente, tornando praticamente impossível a criação de um sistema centralizado e totalmente digitalizado. Consequentemente, o compartilhamento de dados e a interoperabilidade entre os diferentes sistemas são restritos, a qualidade dos dados disponíveis para análise é comprometida e os dados disponíveis nem sempre se alinham às prioridades estratégicas e às necessidades das políticas.

Os sistemas de informação precisam de mecanismos que garantam a qualidade dos dados que contêm. De acordo com o Índice de Maturidade da GovTech do Banco Mundial, apenas 25 % dos países da América Latina e do Caribe implementaram um sistema de qualidade de dados, que é menor do que a taxa de implementação em outras regiões. Quando os controles de qualidade dos dados não são integrados a um sistema de informações, cada equipe que usa os dados do sistema deve conduzir seu próprio processo de controle de qualidade, resultando em ineficiências. Além disso, a falta de controles sistemáticos pode prejudicar a precisão, a confiabilidade e a replicabilidade da análise.

Melhorar a acessibilidade dos dados e a interoperabilidade do sistema deve ser um esforço de todo o governo. De acordo com o Índice de Maturidade da GovTech, menos de 35 % dos países da América Latina e do Caribe implementaram uma estrutura de interoperabilidade governamental que permite a troca eficiente e segura de informações entre sistemas e organizações governamentais. A transferência de informações permite aplicativos analíticos novos e inovadores: O Brasil reaproveitou dados fiscais para aumentar a eficiência das aquisições, reduzindo os preços de compra em cerca de 13 %. Se os governos estabelecerem a infraestrutura básica para a interoperabilidade, eles poderão aumentar enormemente seu potencial para o uso desses dados para a análise e elaboração de políticas.

Os sistemas de dados não são suficientes; a administração pública também precisa mudar. **Os governos podem sistematizar o uso da analítica na tomada de decisões incorporando unidades de análise dedicadas à estrutura organizacional da administração pública.** Na Colômbia, por exemplo, com a ajuda do seu modelo organizacional centralizado, uma unidade de análise específica contribuiu para melhorias na qualidade de vida, no compartilhamento de informações e na prestação de serviços públicos para toda a cidade de Bogotá. Por outro lado, confiar em equipes de meio período para tarefas analíticas pode levar a resultados insatisfatórios, pois essas equipes podem priorizar necessidades operacionais imediatas em detrimento de objetivos analíticos mais amplos.

INTEGRAÇÃO DA ANÁLISE DE DADOS AOS PROCESSOS DE TOMADA DE DECISÃO

A analítica é uma ferramenta, não um substituto para os tomadores de decisão e a experiência. A análise não pode substituir os tomadores de decisão, elaborar políticas ou substituir a experiência e conhecimento dos formuladores de políticas e funcionários públicos, mas os funcionários devem ter a capacidade de usar as evidências fornecidas pela análise para orientar as principais decisões, identificar lacunas e pontos fracos e aprimorar o projeto e a implementação de políticas públicas. O treinamento para apoiar os tomadores de decisão e analistas de dados no uso da analítica governamental.

Os governos da região precisam de esforços mais estruturados para atrair e reter analistas de dados qualificados em todos os níveis de senioridade. A oferta de planos de carreira para analistas de dados é fundamental para a criação de um ecossistema robusto de analítica governamental. Os governos da região enfrentam uma escassez de oportunidades de desenvolvimento profissional na área da analítica: apenas 12 % dos governos têm um plano de carreira dedicado para analistas de dados.

Por fim, os governos devem promover uma cultura de tomada de decisões com base em evidências, o que é essencial para usar a analítica governamental com o objetivo de transformar a administração pública. A analítica gerar um maior impacto quando os formuladores de políticas solicitam as evidências de que precisam e as utilizam para moldar políticas e informar decisões críticas. Os governos da região precisam de uma cultura mais profunda de tomada de decisão baseada em evidências. A troca de conhecimentos sobre práticas recomendadas e experiências bem — sucedidas pode aumentar a conscientização dos tomadores de decisão sobre os benefícios de fundamentar as decisões políticas em dados e evidências. Melhorar o conhecimento e a capacidade dos tomadores de decisão de compreender os resultados da análise de dados — e identificar suas limitações — é fundamental para integrar efetivamente as descobertas analíticas aos processos de tomada de decisão.

A América Latina e o Caribe — e o resto do mundo — têm os dados de que precisam para melhorar o governo. Agora é o momento de usá-los.

Resumo executivo

INTRODUÇÃO

Os governos da América Latina e do Caribe enfrentam desafios complexos de desenvolvimento. A região corre um risco substancial de desaceleração do crescimento econômico, inflação e pressões fiscais, e seu setor público é limitado por problemas institucionais, incluindo gastos públicos e prestação de serviços ineficientes. As principais funções do governo, incluindo o gerenciamento de recursos humanos e a gestão financeira pública, exigem melhorias substanciais em sua eficiência e eficácia. O fortalecimento do funcionamento do governo requer diagnósticos práticos, com base em informações detalhadas e em tempo real: por exemplo, dados sobre práticas de recrutamento para tomar decisões sobre a gestão dos recursos humanos, dados sobre atrasos de pagamento para melhorar os processos de aquisição e dados sobre a conformidade tributária para elaborar instrumentos fiscais. Os governos podem usar dados administrativos específicos das funções governamentais para orientar decisões gerenciais que melhorem essas funções.

Os governos da América Latina e do Caribe estão bem posicionados para aproveitar os dados para melhorar o governo. A região é pioneira mundial no estabelecimento de sistemas de informações gerenciais (MIS): sistemas especializados que coletam dados administrativos sobre funções específicas do governo, incluindo recursos humanos, aquisições, prestação de serviços, impostos e muito mais. Esses sistemas de informação reúnem dados detalhados e em tempo real sobre as principais funções do governo, e esses dados podem servir como uma rica fonte de informações sobre desafios e oportunidades nessas funções. Entretanto, os sistemas administrativos registrados nesses sistemas de informação geralmente são subutilizados devido à qualidade e à acessibilidade inadequadas dos dados, bem como às capacidades analíticas limitadas dos governos. Ao abordar essas restrições, os governos podem

---

Um pacote para a reprodução está disponível para este livro no Reproducible Research Repository em https://reproducibility.worldbank.org/index.php/catalog/209.

usar dados administrativos para melhorar a eficiência e a eficácia de cada aspecto do funcionamento do governo.

ESTE RELATÓRIO

Este relatório descreve como os governos da América Latina e do Caribe podem permitir o uso de seus dados administrativos para fortalecer o funcionamento do governo, uma prática que o relatório chama de *analítica governamental*. Ele fornece uma estrutura conceitual que os governos podem usar para avaliar como empregam dados administrativos para análise e identificar áreas de melhoria. A estrutura pode ser aplicada a diferentes sistemas de informação e suas funções correspondentes (por exemplo, serviços de educação e saúde, aquisição e tributação) e fornece percepções e recomendações detalhadas para melhorar o uso de dados para cada função. Por exemplo, um governo pode estar usando seus dados fiscais em todo o seu potencial analítico, enquanto subutiliza os dados de recursos humanos para a gestão de pessoal.

O relatório argumenta que os governos podem aproveitar melhor seus dados para aprimorar seu funcionamento, concentrando-se nas condições favoráveis à análise: infraestrutura de dados e recursos analíticos. Para cada tipo de sistema de informação, os governos devem criar uma infraestrutura de dados que garanta que os dados sejam precisos, de alta cobertura e acessíveis. Em termos gerais, os governos podem fortalecer suas capacidades analíticas criando agências analíticas especializadas e carreiras para analistas de dados. A analítica governamental e suas condições favoráveis fazem parte de um ecossistema: ao melhorar as condições favoráveis para a análise, os governos criam um ambiente no qual os dados administrativos podem ser usados para fortalecer seu funcionamento, melhorando a eficácia e a eficiência no gerenciamento de recursos humanos, aquisições, tributação e muito mais.

Orientado pela estrutura conceitual, o relatório fornece evidências sobre o panorama da analítica governamental na América Latina e no Caribe. Primeiro, ele apresenta 12 estudos de caso que documentam como os governos da região aproveitaram seus dados administrativos para melhorar aspectos específicos do funcionamento do governo. Esses estudos de caso abrangem um amplo conjunto de países, sistemas de informação e funções governamentais, destacando o valor e o impacto significativos da analítica governamental. Por exemplo, o Equador e o Peru arrecadaram milhões de dólares em receita tributária adicionais analisando dados fiscais para detectar evasão e alocar melhor os recursos para aplicação da lei. A Guatemala melhorou os serviços de educação, reduzindo as taxas de evasão escolar por meio da análise de dados educacionais para identificar e apoiar alunos em situação de risco. Os estudos de caso ilustram que os governos podem usar a análise para aprimorar dimensões distintas de seu funcionamento, aproveitando a riqueza dos dados administrativos.

Em seguida, o relatório apresenta dados quantitativos de uma pesquisa original com funcionários do governo realizada em 20 países e em seis tipos de sistemas de informação, oferecendo o primeiro panorama abrangente da analítica governamental e suas condições favoráveis na América Latina e no Caribe. Em cada país, os questionários da pesquisa foram respondidos por funcionários públicos de instituições responsáveis pelo gerenciamento de diferentes sistemas de informação. Os entrevistados avaliaram o grau em que as instituições em funções essenciais do governo usam dados administrativos para melhorar seu funcionamento. A pesquisa regional revela uma variação significativa no uso da analítica governamental, o estado da infraestrutura de dados e a força dos recursos analíticos em diferentes governos e suas principais funções.

Os governos da América Latina e do Caribe usam predominantemente a analítica descritiva. O uso da analítica de diagnóstico e preditivas é desigual e se concentra principalmente em tributação e prestação de serviços. Estes tipos de analíticas não são usados para funções governamentais transversais, como gerenciamento de recursos humanos, aquisição e gerenciamento de finanças públicas. Em resumo, os governos da região usam a analítica principalmente para fortalecer o lado da receita de suas operações (por exemplo, tributação) em vez do lado da despesa (por exemplo, aquisições). Em todos os sistemas de informação, os governos aplicam principalmente a análise para monitoramento, com menos foco na avaliação e na elaboração de políticas. Isso significa que os governos subutilizam seus dados administrativos para tipos mais complexos de análise que poderiam ajudá-los a diagnosticar e abordar as causas das ineficiências. Ao expandir o uso de diferentes tipos de analítica para todas as suas funções, os governos podem aumentar a eficiência e a eficácia da administração pública de forma mais ampla.

A pesquisa também revela oportunidades de reforma institucional. Alguns sistemas de informação da região são apenas parcialmente digitalizados, limitando a qualidade e a abrangência dos dados administrativos que geram. Por exemplo, os sistemas de informações de saúde raramente são totalmente digitalizados, devido ao uso de registros em papel. Os sistemas de informação também apresentam lacunas significativas no acesso aos dados. Na educação, saúde e gestão financeira pública, a acessibilidade aos dados é restrita pela falta de protocolos de acesso formalizados. Além disso, enquanto os controles de qualidade de dados são amplamente difundidos nos sistemas de educação e tributários, os sistemas de informação de aquisições, gestão financeira pública e saúde ficam para trás. A interoperabilidade entre os sistemas de informação e o compartilhamento de dados entre as organizações governamentais são igualmente limitados. A pesquisa também destaca os desafios que os governos enfrentam para desenvolver suas capacidades analíticas. Muitos não têm carreiras estruturadas para analistas de dados, treinamento direcionado em habilidades analíticas e financiamento adequado para projetos analíticos. Essas restrições limitam a capacidade dos governos de expandir o uso de dados para melhorar seu funcionamento.

Por fim, com base na pesquisa e nos estudos de caso e orientado pela estrutura conceitual, o relatório apresenta um conjunto de recomendações de políticas. Primeiro, os governos devem identificar as lacunas de evidências para a elaboração de políticas e conscientizar sobre como os dados administrativos podem ajudar a preencher essas lacunas, aumentando a demanda pela analítica governamental. Eles devem ter como objetivo fortalecer o uso da analítica descritiva e avançar em direção a aplicativos de analítica diagnóstica e preditiva para informar a avaliação e a elaboração de políticas. Os governos também devem investir mais nas condições propícias para a analítica governamental. Para desenvolver capacidades analíticas, os governos devem desenvolver programas de treinamento em análise de dados direcionados e estabelecer caminhos institucionais para a aplicação de habilidades analíticas. Isso pode ser feito por meio do estabelecimento de planos de carreira para analistas, da criação de agências analíticas especializadas, da alocação de um orçamento estável para treinamento e produtos analíticos e da promoção de colaborações com parceiros acadêmicos. Para fortalecer a infraestrutura de dados, os governos devem estabelecer controles sistemáticos de qualidade de dados, desenvolver inventários de dados abrangentes e acessíveis, melhorar a conectividade de dados e a interoperabilidade do sistema de informações e estabelecer protocolos para manter e atualizar seus sistemas de governo eletrônico.

Este relatório faz parte de uma série de publicações do Banco Mundial com foco na analítica governamental, incluindo *The Government Analytics Handbook* (Rogger and Schuster 2023). Foi concebido como um manual para formuladores de políticas e funcionários públicos de alto escalão que desejam melhorar o funcionamento do governo usando seus dados administrativos em todo o seu potencial. Dessa forma, o relatório não aborda extensivamente os detalhes técnicos da implementação, mas fornece referências adicionais para profissionais que buscam uma compreensão mais profunda dos requisitos técnicos da analítica governamental. Ao usar a estrutura conceitual e a pesquisa deste relatório como ponto de partida, os governos podem avaliar seu uso da analítica governamental e atribuir níveis de prioridade às ações para construir uma administração pública mais eficiente e eficaz.

REFERÊNCIA

Rogger, Daniel e Christian Schuster, eds. 2023. *The Government Analytics Handbook: Leveraging Data to Strengthen Public Administration*. Washington, DC: Banco Mundial. https://doi.org/10.1596/978-1-4648-1957-5.

Abreviações

ALC	Região da América Latina e do Caribe [Departamento do Banco Mundial]
COVID-19	doença do coronavírus 2019
CV	curriculum vitae
DECDI	Departamento de Impacto no Desenvolvimento [unidade organizacional do Banco Mundial]
DNCP	Direção Nacional de Contratações Públicas [Paraguai]
ENTRE	Estratégia Nacional para a Transição bem-sucedida [Guatemala]
FONACIDE	Fundo Nacional de Investimento Público e Desenvolvimento [Paraguai]
GGP	Prática Global de Governança [unidade organizacional do Banco Mundial]
GRAS	Sistema de avaliação de risco de governança
INE	Instituto Nacional de Estatística
IVA	imposto sobre valor agregado
MINEDUC	Ministério da Educação [Guatemala]
MINSAL	Ministério da Saúde [Chile]
MIS	sistema de informações gerenciais
ONSC	Escritório Nacional do Serviço Civil [Uruguai]
PIB	produto interno bruto
SEFAZ/RS	Secretaria da Fazenda do Estado do Rio Grande do Sul [Brasil]
SIGE	Sistema Integrado de Gestão de Educação
SIGF	Sistema Integrado de Gestão Financeira
SIGRH	Sistema Integrado de Gestão de Recursos Humanos
SIGS	Sistema Integrado de Gestão de Saúde
SIGT	Sistema Integrado de Gestão Tributária
SRI	Serviço de Renda Federal [Equador]
SUNAT	Superintendência Nacional de Alfândegas e Impostos Administração [Peru]
UCD	Unidade de Cientistas de Dados [Colômbia]

Todos os valores em dólares são em dólares americanos, a menos que especificado de outra forma.

CAPÍTULO 1

O caso da analítica governamental na América Latina e no Caribe

INTRODUÇÃO

Os países da América Latina e do Caribe enfrentam desafios em diferentes áreas, isso exige governos mais eficientes e responsivos que gerem confiança entre seus cidadãos.

Os governos da região estão limitados a fazer os investimentos necessários como resultado do aumento dos déficits e das dívidas decorrentes da pandemia da COVID-19, apontando para a necessidade de esses governos se tornarem mais eficazes e eficientes (IMF 2021; Maloney et al. 2024). Eles já demonstraram que podem fazer isso: por exemplo, em relação a 30 anos atrás, o aumento na profissionalização e na eficiência dos ministérios de finanças e dos bancos centrais melhoraram a reputação global da região em termos de estabilidade macroeconômica. Outras funções essenciais do governo precisam seguir o mesmo caminho. As estimativas apontam para um desperdício de cerca de 4 % do PIB, ou 17 % de todo o gasto público, devido a práticas inadequadas de contratações públicas, transferências mal direcionadas e uma gestão ineficiente de recursos humanos (Izquierdo, Pessino e Vuletin 2018; Banco Mundial 2022b). Em alguns países da região, o desperdício estimado é ainda maior.

Os recentes distúrbios sociais na região também revelam uma profunda insatisfação popular com o desempenho do Estado, em áreas que vão desde as pensões até a educação e as políticas de combate à pobreza. A desconfiança dos cidadãos em relação ao governo e às instituições públicas, bem como suas percepções sobre a corrupção enraizada no Estado, faz com que eles relutem em votar a favor de grandes projetos de infraestrutura ou em contribuir com impostos. As dúvidas sobre o que as instituições governamentais oferecem levam muitos pequenos empresários a permanecerem informais e sem registro. Os cidadãos da América Latina e do Caribe não só têm baixa "moral tributária": eles têm pouca fé na governança em geral (Keefer e Scartascini 2022).

Um pacote de reprodução está disponível para este livro no Reproducible Research em https://reproducibility.worldbank.org/index.php/catalog/209.

Essas demandas por uma governança eficaz só se tornarão mais agudas. Para se adaptar às mudanças climáticas e aproveitar as oportunidades oferecidas pela transição verde e pelo realinhamento da economia global após a pandemia da COVID-19, os governos devem ser capazes de mobilizar mais recursos, planejar estrategicamente e implementar planos de forma eficiente. As demandas por um Estado mais ativista, que estimule a inovação e promova mudanças estruturais, surgiram após as taxas de crescimento decepcionantes das duas últimas décadas, que questionaram os princípios do modelo de crescimento neoliberal (consulte, por exemplo, Hausmann e Rodrik 2006; Mazzucato e Rodrik 2023). No entanto, muitos países passaram a minimizar a intervenção do Estado na economia, dado seu histórico ruim na concepção e implementação de políticas industriais nas décadas anteriores. Sem melhorias na capacidade, no monitoramento e na transparência do Estado, os governos que se envolverem em uma nova rodada de políticas experimentais acabarão se decepcionando novamente.

Portanto, é fundamental que os governos da América Latina e do Caribe aprimorem suas funções essenciais, incluindo gerenciamento de recursos humanos, compras, tributação, gestão financeira pública e muito mais. Melhorias amplas no funcionamento do governo são fundamentais para melhorar as perspectivas de desenvolvimento da região e devem estar no topo das agendas de políticas nacionais. Para fornecer ferramentas de políticas e apoio a essas agendas, o Banco Mundial produziu *o The Government Analytics Handbook* (Rogger and Schuster 2023), que consolida evidências acadêmicas e políticas de ponta sobre o uso da análise de dados para medir o desempenho do governo e sobre a elaboração de políticas para melhorá-lo (Quadro 1.1). Uma lição do *Manual* é que, embora o progresso em algumas áreas continue sendo um desafio, também há vitórias relativamente rápidas. Por exemplo, melhorar o desempenho dos funcionários de contratações públicas com pior desempenho poderia reduzir os gastos anuais de aquisições de um governo em 12 % (Best, Hjort e Szakonyi 2023).

Este relatório tem como objetivo fornecer um roteiro para que os governos da América Latina e do Caribe possam trazer essas ferramentas para a linha de frente da política e usá-las para aprimorar seu funcionamento. Os governos da região estão bem posicionados para usar os dados para aprimorar suas funções essenciais, devido aos sucessivos investimentos em tecnologias que são fundamentais para a analítica. A região é pioneira mundial no estabelecimento de sistemas de informações gerenciais (MIS), que registram e armazenam grandes quantidades de dados sobre aspectos específicos do funcionamento do governo - como tributação, finanças públicas e gerenciamento de recursos humanos - e os disponibilizam. Esses dados administrativos são grandes reservatórios de evidências e informações subutilizadas. Ao analisar esses dados, os governos podem avaliar a eficácia e a eficiência da administração pública e entender onde ela pode ser fortalecida. Entretanto, devido a deficiências em seus complementos analógicos (por exemplo, analistas de dados e protocolos de acesso a dados), esses dados raramente são usados para a elaboração de políticas baseadas em evidências (Banco Mundial 2016, 2023). Isso significa que os governos da América Latina e do Caribe podem fazer muito mais com os dados que já possuem para melhorar seu funcionamento, enfrentar os desafios do desenvolvimento e aumentar a confiança dos cidadãos.

Quadro 1.1 *Manual de análise governamental*

Este relatório se baseia no *The Government Analytics Handbook* (Rogger and Schuster 2023), um *manual* brangente sobre o uso de dados governamentais para fortalecer a administração pública. Os governos de todo o mundo tomam milhares de decisões de gestão de pessoal, adquirem milhões de bens e serviços e executam bilhões de processos todos os dias. Quando essas funções são registradas em sistemas de informações gerenciais, os governos são ricos em dados. No entanto, há um uso sistemático limitado dos dados resultantes para fortalecer a administração pública. Isso significa que os governos estão perdendo oportunidades de economizar dinheiro em gastos com aquisições, recrutar melhores talentos para o governo e identificar fontes de corrupção.

O *Manual* fornece orientações abrangentes e detalhadas para ajudar os governos a desenvolverem uma abordagem informada por dados para a analítica governamental. Ele reúne evidências e percepções de vários países e profissionais em um recurso único que abrange uma série de tópicos, incluindo o design de pesquisas, o uso estratégico de dados de gerenciamento de recursos humanos e considerações éticas para o uso de dados. Considera-se também uma variedade de fontes de dados, incluindo diferentes tipos de dados administrativos e de pesquisas. Dessa forma, o *Manual* apresenta evidências de ponta e percepções de profissionais sobre como aproveitar os dados para fazer com que os governos trabalhem melhor.

Este relatório aplica as lições do *Manual para a* América Latina e o Caribe e baseia-se em exemplos relevantes da região para ajudar os formuladores de políticas e os altos funcionários públicos a usar a analítica governamental para aumentar a eficácia e a eficiência de suas administrações públicas. Ele se concentra em dados administrativos, pois esses dados são acessíveis a baixo custo para a maioria das organizações governamentais (consulte a caixa 1.2).

Muitos governos da região já estão aproveitando a oportunidade de usar dados administrativos para a elaboração de políticas. Por exemplo, o governo de um estado brasileiro reduziu os preços das contratações públicas em 13 % ao usar dados fiscais para calcular os preços de referência de mercado para os agentes de aquisições. O Chile economizou centenas de milhões de dólares ao usar dados de saúde para criar um programa para reduzir a perda de consultas médicas e melhorar os comportamentos de saúde entre pacientes com doenças crônicas, e a Colômbia salvou a vida de milhares de recém-nascidos e gestantes ao monitorar os riscos à saúde. O Equador e o Peru arrecadaram milhões de dólares em receita tributária adicional usando dados fiscais para detectar evasão e alocar melhor os recursos para aplicação da lei. E a Guatemala reduziu em 9 % a taxa de evasão dos alunos que ingressam no ensino médio, usando dados educacionais para identificar e apoiar alunos em situação de risco. Por meio dessas iniciativas analíticas, os governos aproveitaram os dados administrativos de que já dispunham para aprimorar a elaboração de políticas, fortalecer a prestação de serviços e reduzir a ineficiência e o desperdício.[1] Este relatório tem como objetivo apoiar iniciativas como essas, oferecendo orientação sobre como criar e manter um ecossistema robusto de analítica governamental que facilite o uso de dados para melhorar o funcionamento da administração pública.

MENSAGENS-CHAVE

A primeira mensagem importante deste relatório é que os governos da América Latina e do Caribe podem aprimorar a elaboração e a implementação de políticas públicas usando a analítica governamental de forma mais ampla e intensa do que fazem atualmente. O uso de dados administrativos pelos governos para análise varia de acordo com as diferentes funções e áreas do governo. O relatório mostra que o lado da receita das operações governamentais geralmente faz um uso mais amplo dos dados para informar suas ações. Por exemplo, os governos da região costumam usar analíticas avançadas de dados fiscais para melhorar a conformidade tributária. No lado das despesas, entretanto, como no gerenciamento de recursos humanos e nas aquisições, há um espaço significativo para crescimento. Por exemplo, os governos da região dependem principalmente da análise descritiva do número de funcionários para gerenciar os funcionários públicos e raramente usam a análise avançada para prever a massa salarial da administração pública ou para melhorar a eficiência das contratações públicas e garantir preços competitivos. Da mesma forma, há oportunidades significativas para desenvolver o uso da análise avançada na prestação de serviços - por exemplo, para prever a matrícula de alunos.

A segunda mensagem importante é que os governos devem promover duas condições essenciais para que seus dados administrativos sejam úteis para a elaboração de políticas. A primeira é uma infraestrutura de dados de alta qualidade, acessível e integrada. A melhoria dos controles de qualidade e da acessibilidade dos dados deve ser um esforço de todo o governo, possibilitando economias de escala. Da mesma forma, garantir que diferentes sistemas de informação em todo o governo sejam interoperáveis e conectem seus dados pode multiplicar as vantagens dos dados administrativos possíveis percepções e aplicações da analítica governamental. O segundo são os recursos analíticos, como oportunidades de financiamento, agências analíticas especializadas e planos de carreira para analistas de dados. As estratégias de todo o governo e os fluxos de financiamento institucionalizados permitem uma abordagem mais harmonizada e coesa para o desenvolvimento de iniciativas analíticas, o que pode facilitar a polinização cruzada, o aprendizado e a colaboração entre as organizações governamentais.

A última mensagem importante é que os governos devem integrar a análise de dados em seus processos de tomada de decisão para usá-los de forma eficaz na elaboração de políticas e reformas. A analítica governamental não é uma solução em si: é uma ferramenta para fornecer aos formuladores de políticas evidências precisas e relevantes para orientar decisões importantes, identificar lacunas e pontos fracos e refinar o projeto e a implementação de intervenções políticas (Rogger e Schuster 2023; Banco

Mundial 2021). A análise não pode substituir os tomadores de decisão, elaborar políticas ou substituir a experiência e o conhecimento dos formuladores de políticas e servidores públicos. Para ser útil, a análise deve ser orientada para o problema, orientada para a demanda e sensível às necessidades específicas dos tomadores de decisão, pois o fortalecimento do setor público exige mais do que dados e medições (Bridges e Woolcock 2023). Além de criar as condições propícias para a análise, os governos devem promover uma cultura de tomada de decisão baseada em evidências na administração pública para garantir que a análise atinja seu potencial de aprimorar o projeto e a implementação de políticas públicas.

Ao longo deste relatório, balões dourados de chamada serão usados para indicar os capítulos do *Government Analytics Handbook*, onde você poderá saber mais sobre cada tópico abordado no relatório.

O ECOSSISTEMA DE ANALÍTICA GOVERNAMENTAL

A analítica governamental pode ajudar a tornar a administração pública mais eficiente, atendendo às necessidades e aos objetivos dos formuladores de políticas e informando políticas específicas e decisões críticas. Os governos podem usar dados para apoiar a tomada de decisões com base em evidências de três maneiras principais, conforme descrito no *World Development Report 2021* do Banco Mundial*: Data for Better Lives* (Banco Mundial 2021). Primeiro, eles podem analisar os dados para melhorar a elaboração de políticas e a prestação de serviços, aumentando o acesso aos serviços governamentais e garantindo que as políticas sejam fundamentadas nas melhores evidências disponíveis. Em segundo lugar, eles podem usar os dados para ajudar a alocar recursos escassos por meio de direcionamento e monitoramento. Por fim, eles podem divulgar os dados para promover a transparência e aumentar sua própria responsabilidade pelo uso eficaz e eficiente dos recursos públicos (Banco Mundial 2021). Assim, a analítica governamental se alinha a uma agenda mais ampla do Banco Mundial sobre o uso de dados e análises para promover o desenvolvimento.[2]

O Capítulo 2 deste relatório apresenta uma estrutura conceitual que destaca os diferentes usos da analítica governamental e como fortalecer suas condições favoráveis. Como destaca *o Relatório de Desenvolvimento Mundial 2016* do Banco Mundial*: Digital Dividends* (Banco Mundial 2016), as tecnologias digitais exigem complementos analógicos para atingir seu potencial. Da mesma forma, a análise requer duas condições essenciais para ser uma ferramenta eficaz de elaboração de políticas: a infraestrutura para produzir e usar dados de alta qualidade e os recursos analíticos para aproveitar esses dados. Este relatório usa a metáfora de um *ecossistema* para se referir à interdependência dos aplicativos de analítica governamental e suas condições de habilitação. Assim como diversos organismos exigem um ambiente que lhes dê suporte, a analítica governamental é viabilizada por uma infraestrutura de dados e recursos analíticos robustos. A estrutura conceitual considera primeiramente como a analítica governamental fornece evidências para enfrentar os desafios da formulação de políticas e atender às necessidades dos tomadores de decisão. Os governos enfrentam uma grande variedade de desafios na elaboração de políticas que exigem diversas evidências e portanto, diversos produtos analíticos. Há muitos tipos de produtos analíticos, cada um deles baseado em diferentes tipos de dados administrativos para atender a diferentes necessidades de políticas. Pode haver análises sobre tributação ou compras, sobre recursos humanos ou dados da dívida pública. Por esse motivo, a estrutura conceitual descreve detalhadamente os diferentes tipos de análise que os governos realizam, como as percepções geradas pela análise são aplicadas e como a análise é produzida e distribuída entre os funcionários públicos e os cidadãos.

Mesmo em uma única função governamental, diferentes desafios podem exigir diferentes tipos de análise. Por exemplo, um governo que esteja enfrentando atrasos nas aquisições pode analisar os dados de aquisições para entender a extensão desses atrasos e suas causas. Por outro lado, um governo que esteja pensando em estabelecer um sistema de pagamento centralizado pode analisar os dados de aquisição para prever os efeitos do novo sistema. A administração pública enfrenta um conjunto diversificado de desafios, portanto, as soluções que a analítica governamental oferece aos formuladores de políticas também devem ser diversificadas.

Em seguida, a estrutura conceitual descreve duas condições facilitadoras que ajudam a analítica governamental a produzir soluções para os desafios da formulação de políticas. A primeira é a infraestrutura de dados. A analítica governamental depende de dados de alta qualidade apoiados por protocolos robustos de governança e acesso a dados para garantir que sejam seguros, precisos e amplamente utilizados. Se a qualidade da infraestrutura de dados se deteriorar, o mesmo acontecerá com a qualidade e a diversidade da análise. A segunda é a capacidade analítica, tanto em nível individual quanto organizacional: carreiras dedicadas e treinamento para analistas de dados, oportunidades de financiamento, agências analíticas especializadas e uma estratégia analítica abrangente. Essas condições facilitadoras se fortalecem mutuamente: melhorias na infraestrutura de dados incentivam investimentos em recursos analíticos, tornando os dados administrativos mais acessíveis e fáceis de usar, e recursos analíticos mais fortes incentivam investimentos na melhoria da infraestrutura de dados, pois há pessoal e recursos disponíveis para usar esses dados para análise. Além disso, os aplicativos analíticos podem ajudar a fortalecer essas condições favoráveis: por exemplo, identificando lacunas nos dados e motivando os funcionários públicos a desenvolver suas habilidades por meio de treinamento.

A estrutura conceitual também estrutura a análise de evidências qualitativas e quantitativas sobre analíticas governamentais, juntamente com as recomendações de políticas derivadas dessas evidências, apresentadas no restante do relatório. O Capítulo 3 apresenta 12 estudos de caso de iniciativas analíticas de toda a América Latina e do

Caribe, abrangendo uma ampla gama de países e funções governamentais. Em seguida, o capítulo 4 apresenta os resultados de uma pesquisa original realizada em 20 países com funcionários públicos especialistas em governo digital, dados administrativos e análise. Por fim, o capítulo 5 conclui com recomendações de políticas para ajudar os governos em todos os níveis de maturidade analítica a aplicar a estrutura conceitual para desenvolver a analítica governamental e enfrentar os desafios de formulação de políticas que enfrentam.

OPORTUNIDADES E DESAFIOS REGIONAIS PARA A ANALÍTICA GOVERNAMENTAL

Os governos da América Latina e do Caribe estão bem posicionados para desenvolver um ecossistema de analítica governamental para apoiar a elaboração de políticas baseadas em evidências e melhorar seu funcionamento. Os países da região investiram recursos significativos na criação de SIGs: estruturas de dados integradas que coletam, armazenam e gerenciam dados administrativos em todas as funções do governo (Banco Mundial 2022a). Este relatório se concentra em seis MISs que são fundamentais para o funcionamento do governo:

- Sistema Integrado de Gestão de Recursos Humanos (SIGRH)
- Sistema de informações de gerenciamento de aquisições (e-Procurement)
- Sistema Integrado de Gestão Financeira(SIGF)
- Sistema Integrado de Gestão Tributária (SIGT)
- Sistema Integrado de Gestão de Educação (SIGE)
- Sistema Integrado de Gestão de Saúde (SIGS).

Juntos, esses MISs abrangem funções governamentais que respondem por uma média de 79% do total de receitas e subsídios e pelo menos 40% do total de gastos no nível do governo central na América Latina e no Caribe (figura 1.1). Isso faz com que sejam uma fonte vital de dados para os governos.[3] (O Quadro 1.2 explica por que este relatório se concentra em dados administrativos e o Apêndice B descreve cada SIG em mais detalhes).

Desde a década de 1980, os governos da América Latina e do Caribe têm feito progressos substanciais na implementação de sistemas de informação para digitalizar, automatizar e simplificar as principais funções governamentais. Esses investimentos ampliaram significativamente a disponibilidade de dados administrativos digitais em todas as funções essenciais do governo consideradas neste relatório (painel a da figura 1.2).[4] Até 2022, todos os países da região tinham um SIGF e um SIGT. Além disso, 91% dos países tinham um SIRGH e 84% tinham um sistema de e-Procurement (World Bank 2022a). A ampla adoção de MISs digitais faz da região uma líder global em cobertura de sistemas de informação (painel b da figura 1.2).

FIGURA 1.1 Composição da receita e dos gastos do governo central na América Latina e no Caribe, 2010-22

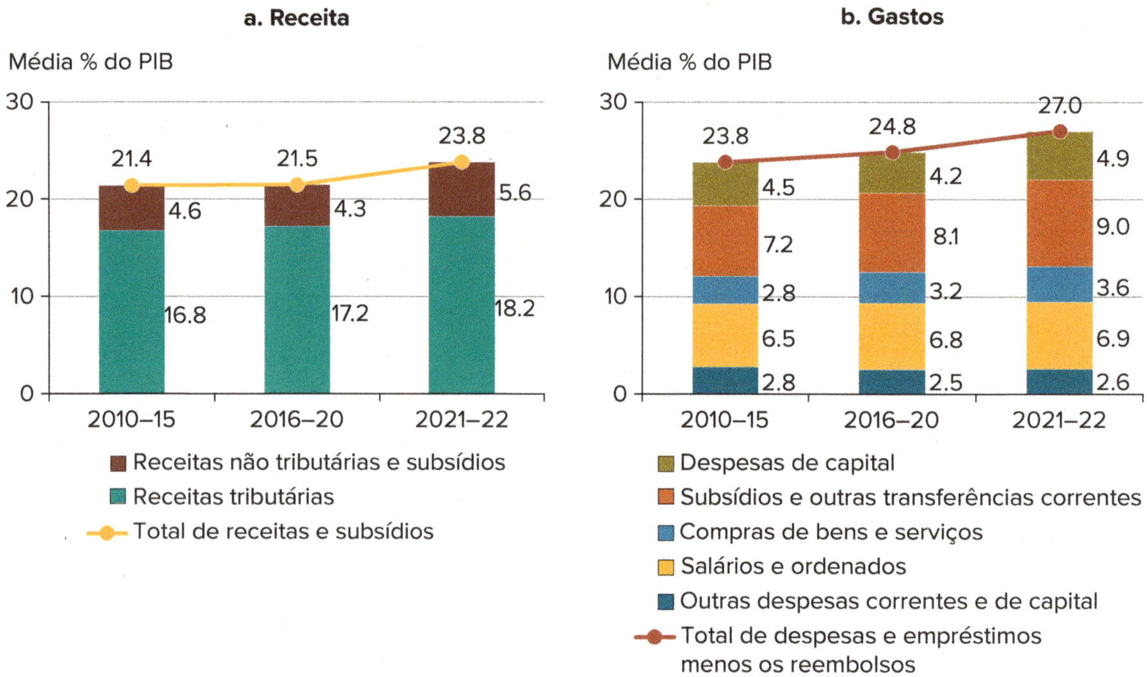

Fonte: Figura original para esta publicação, com base em dados do CEPALSTAT (https://statistics.cepal.org/portal/cepalstat/index.html?lang=en).

Quadro 1.2 *Por que dados administrativos?*

Este relatório concentra-se na analítica governamental usando dados administrativos: informações rotineiramente coletadas e armazenadas por organizações governamentais em sistemas de informações gerenciais para facilitar a administração de programas e a prestação de serviços públicos. Por exemplo, os dados administrativos incluem registros governamentais de nascimentos e mortes, matrículas de alunos, valores de contratos de compras, receitas fiscais e salários da força de trabalho, entre muitos outros registros de como a administração pública traduz a política em prática todos os dias.

Em geral, os dados administrativos oferecem percepções mais frequentes e geograficamente mais abrangentes sobre indivíduos e organizações do que é possível com dados de pesquisas. Como os dados administrativos são coletados para fins administrativos, eles também costumam ser mais baratos do que outros tipos de dados (Statistics Canada, n.d.; UK Office for Statistics Regulation, n.d.; US Census Bureau, n.d.). O reaproveitamento de dados administrativos para análise os transforma em um recurso valioso para aprimorar o projeto, a implementação, o gerenciamento e a avaliação de programas, melhorando, assim, o funcionamento do governo.

Os dados administrativos também podem ser aprimorados e complementados por dados de pesquisas, que podem oferecer percepções sobre desafios não capturados por dados coletados rotineiramente. Entretanto, diferentemente dos dados administrativos, os dados de pesquisas

(continua na próxima página)

Quadro 1.2 *Por que dados administrativos? (continuação)*

não estão prontamente disponíveis para os órgãos governamentais. Este relatório se concentra na analítica governamental usando dados administrativos, porque esses dados são um recurso poderoso, mas subutilizado, e são acessíveis à maioria das organizações governamentais.

Os dados administrativos também podem melhorar as operações das organizações governamentais envolvidas na coleta de dados de pesquisas, como os institutos nacionais de estatística (NSOs), criando sinergias valiosas para o setor público (Rivas e Crowley 2018). Usando dados administrativos de setores como impostos, saúde e educação, as NSOs podem melhorar significativamente a compilação e a precisão de estatísticas nacionais importantes. Os dados fiscais podem apoiar a criação de índices de atividade econômica. Da mesma forma, os registros de saúde e educação podem ser usados para verificar os dados de despesas.

A experiência das NSOs em gestão e governança de dados também pode agregar um valor substancial aos dados administrativos. As NSOs podem ajudar a melhorar a qualidade dos dados por meio de controles de qualidade e garantir a padronização dos dados em todo o setor público, o que, por sua vez, facilita a interoperabilidade entre os sistemas de dados. Assim, as colaborações entre as organizações responsáveis pelos dados administrativos e as responsáveis pelos dados de pesquisas têm grande potencial para melhorar a qualidade das informações e fortalecer a analítica governamental.

A transição dos MISs analógicos para os digitais cria uma oportunidade para que os governos da América Latina e do Caribe aproveitem os dados administrativos existentes para melhorar a elaboração e a implementação de políticas. Os MISs digitais geram uma quantidade sem precedentes de dados sobre como a administração pública funciona, facilitando a medição em um nível granular e em tempo real. Os governos da região também criaram redes internacionais para apoiar o desenvolvimento e a ampliação de soluções analíticas, como a Rede Interamericana de Governo Digital. Os investimentos em tecnologia governamental, como portais para cidadãos e dados abertos, fortaleceram os principais sistemas governamentais da região, permitindo que a região fizesse progressos significativos em direção a um setor público mais orientado por dados (Banco Mundial 2023).

Apesar da alta cobertura do MIS, os governos da América Latina e do Caribe precisam lidar com as restrições institucionais para aproveitar totalmente seus dados administrativos para a analítica governamental. Os governos da região ainda enfrentam a digitalização parcial e a fragmentação de seus MISs, além de uma governança de dados deficiente. Os desafios da implementação das reformas dos SIGs resultaram em uma mistura de ferramentas e tecnologias com diferentes graus de eficácia, levando, por sua vez, a silos de informações e padrões de dados inconsistentes. Como resultado, a interoperabilidade entre diferentes sistemas é limitada, a qualidade dos dados disponíveis para análise é comprometida e os dados disponíveis não estão necessariamente alinhados às prioridades estratégicas e às necessidades das políticas. Os governos também enfrentam desafios para recrutar e reter os analistas qualificados necessários para analisar dados e produzir aplicativos analíticos úteis.

FIGURA 1.2 Cobertura dos principais sistemas de informações gerenciais na América Latina e no Caribe e no mundo

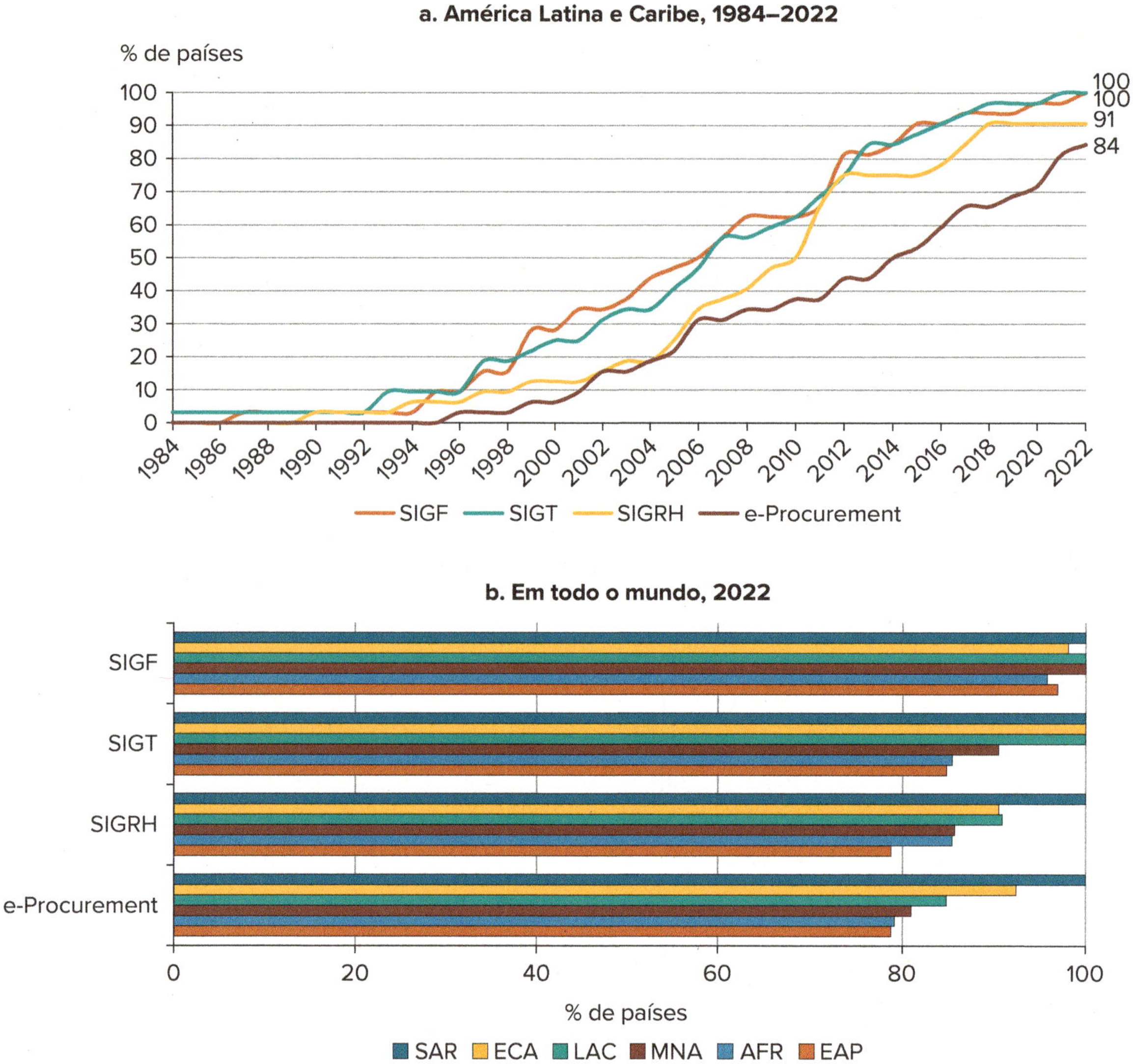

Fonte: Banco Mundial 2022a.
Nota: AFR = África; EAP = Leste Asiático e Pacífico; ECA = Europa e Ásia Central; e-Procurement = sistema de informações de gerenciamento de aquisições; SIGRH = Sistema Integrado de Gestão de Recursos Humanos; LAC = América Latina e Caribe; MNA = Oriente Médio e Norte da África; SIGF = sistema de informações de gestão financeira pública; SAR = Sul da Ásia; SIGT = Sistema Integrado de Gestão Tributária.

UMA AVALIAÇÃO REGIONAL E RECOMENDAÇÕES DE POLÍTICAS PARA FORTALECER A ANALÍTICA GOVERNAMENTAL

Este relatório apresenta evidências e orientações práticas para os governos da América Latina e do Caribe sobre o uso de seus dados administrativos para melhorar o funcionamento do governo. O Capítulo 3 oferece uma série de estudos de caso qualitativos que fornecem relatos em primeira mão das oportunidades e dos desafios que os governos da região encontraram ao reaproveitar os dados administrativos para solucionar desafios de governança por meio da análise e dos resultados que obtiveram. A Tabela 1.1 resume cada estudo de caso. Em seguida, o capítulo 4 apresenta evidências quantitativas de uma pesquisa original realizada em 20 países da região. Os funcionários públicos de cada país, especialistas em sistemas de informação específicos e funções governamentais essenciais, responderam a questionários sobre o ecossistema de analítica governamental do país. Ao apresentar uma variedade de experiências analíticas nos estudos de caso e na pesquisa, este relatório pode ajudar os funcionários públicos a aprender com os desafios e as histórias de sucesso uns dos outros.

Mas este relatório é mais do que uma avaliação: é um guia prático para os governos que desejam tornar a análise de dados uma parte maior de seu kit de ferramentas de elaboração de políticas. Assim como um guia de jardinagem explica de que ambiente várias plantas precisam para prosperar, este relatório oferece recomendações para a criação de um ecossistema resiliente para dar suporte a diversos aplicativos analíticos que podem atender a uma ampla variedade de necessidades de elaboração de políticas. O Capítulo 5 oferece um conjunto de recomendações de políticas direcionadas a cada elemento da estrutura conceitual, com base nos resultados da avaliação regional. As recomendações são adaptadas aos diferentes níveis de maturidade do sistema de informações e da análise, de modo que todos os governos possam encontrar as próximas etapas práticas para o desenvolvimento da análise para a elaboração de políticas baseadas em evidências. A Tabela 1.2 resume essas principais constatações e recomendações de políticas.

Para colocar essas recomendações em prática, os governos devem estar cientes dos desafios mais amplos da economia política. O contexto político que molda a elaboração de políticas e a cultura predominante dentro da administração pública têm um impacto significativo sobre a até que ponto as políticas e decisões são informadas por evidências. Por exemplo, os líderes da administração pública podem ver com desconforto a prestação de contas promovida pela análise de dados, percebendo-a como uma ameaça à sua autonomia. Os líderes também podem fazer de suas agendas pessoais uma prioridade, especialmente em ambientes nos quais a competição eleitoral não oferece incentivos para a mudança de políticas baseadas em evidências. Mesmo quando os líderes querem tomar decisões políticas baseadas em evidências, o processo político pode exigir decisões rápidas, sem tempo adequado para coletar dados, realizar análises e produzir evidências. A analítica governamental, por si só, não pode resolver essas restrições.

O uso da analítica governamental para melhorar o funcionamento do governo, enfrentar os desafios do desenvolvimento e, em última análise, aumentar a confiança dos cidadãos exige, portanto, que se vá além das condições favoráveis descritas neste relatório. Exige também o apoio contínuo dos formuladores de políticas e uma mudança cultural no sentido de adotar a elaboração de políticas baseadas em evidências. Este relatório tem o objetivo de orientar os formuladores de políticas interessados em analítica, oferecendo orientações sobre como apoiá-lo institucionalmente, bem como exemplos concretos de aplicativos analíticos que aprimoraram com sucesso a elaboração e a implementação de políticas. Espera-se que ele ofereça evidências e inspiração para funcionários públicos e formuladores de políticas que queiram usar dados para fazer o governo funcionar melhor - em seus próprios países e na América Latina e no Caribe como um todo.

TABELA 1.1 Resumo dos estudos de caso

País	Estudo de caso	Resumo
Chile	3.1: Uso da análise descritiva para reduzir a perda de consultas médicas	O Ministério da Saúde do Chile analisou os dados do SIGS para entender quais pacientes estavam faltando às consultas médicas - a um custo de US$ 180 milhões por ano - e projetar um programa para reduzir as faltas às consultas e aumentar o uso da atenção primária. A implementação de um sistema de lembretes e a correção de lacunas nos registros administrativos reduziram em 6% as faltas às consultas e aumentaram em cerca de 10% o uso dos serviços de atenção primária entre os pacientes com diabetes e hipertensão. Esse estudo de caso demonstra o impacto que uma análise descritiva relativamente simples pode ter quando baseada em dados ricos e abrangentes, bem como a importância da qualidade dos dados e como os projetos analíticos podem ajudar a implementar controles de qualidade e melhorar os registros administrativos.
Colômbia	3.2: Uso da análise de diagnóstico dos dados de recursos humanos para explorar a diferença salarial entre gêneros	A Unidade de Cientistas de Dados do Departamento Nacional de Planejamento da Colômbia analisou os dados do SIGRH para estudar a questão da existência de uma diferença salarial entre homens e mulheres em alguns funcionários do setor público. Ela constatou uma diferença salarial entre homens e mulheres de aproximadamente 6% e informou às autoridades que supervisionam as políticas de gênero sobre as diferenças em conformidade com Lei antidiscriminação de gênero da Colômbia. Esse estudo de caso demonstra que uma boa avaliação de políticas produz evidências que descrevem não apenas *o que* está acontecendo, mas também *por que* está acontecendo, bem como o papel fundamental que uma agência analítica dedicada pode desempenhar na geração dessas evidências.
Paraguai	3.3: Análise de dados para a responsabilidade do cidadão: O caso da reAcción	Aproveitando os dados abertos de aquisição, a reAcción Paraguay criou uma plataforma aberta para monitorar a alocação de milhões de dólares de fundos públicos distribuídos por meio de um programa de infraestrutura escolar. Os insights da plataforma levaram a uma resposta do governo e melhoraram o direcionamento de recursos para as escolas com maior necessidade 400%. Esse estudo de caso demonstra como os dados governamentais abertos e acessíveis podem fortalecer a mobilização cívica, permitir que a sociedade civil descubra a má administração de fundos públicos e melhorar a transparência e a responsabilidade do governo e a alocação de recursos públicos. Ele também demonstra como o impacto da análise governamental é ampliado quando dados de diferentes fontes são conectados.
Uruguai	3.4: Construção de um sistema integrado Plataforma de gerenciamento de recursos humanos para planejamento estratégico da força de trabalho	O Escritório Nacional de Serviço Civil do Uruguai está desenvolvendo uma plataforma de gerenciamento de recursos humanos que integra dados administrativos de várias organizações governamentais. A plataforma transformará o recrutamento e a gestão do setor público e criará as condições propícias para futuras analíticas. Esse estudo de caso demonstra o impacto que a análise governamental pode ter quando os dados estão conectados; as aplicações poderosas da análise descritiva; e a importância de monitorar a composição da força de trabalho do setor público, as habilidades e competências dentro dela e as necessidades futuras de capital humano.

(continua na próxima página)

TABELA 1.1 Resumo dos estudos de caso *(continuação)*

País	Estudo de caso	Resumo
Equador	3.5: Análise de dados fiscais para aumentar a arrecadação de impostos corporativos	O Internal Revenue Service do Equador, em colaboração com uma equipe de pesquisadores, avaliou a integração de dados de terceiros com o SIGT do país para combater a evasão fiscal. A avaliação mostrou que o uso de dados de terceiros na cobrança de impostos poderia gerar centenas de milhões de dólares em receita, se complementados por uma fiscalização eficaz. Esse estudo de caso demonstra como os dados administrativos podem ser usados para uma avaliação rigorosa de políticas, o impacto da conexão de vários registros administrativos e bancos de dados não administrativos e os benefícios para a administração pública de parcerias com pesquisadores externos e analistas de dados.
Guatemala	3.6: Uso da análise preditiva para evitar a evasão escolar	Na Guatemala, aproximadamente 40% dos alunos da sexta série abandonam a escola antes de chegar à nona série. Para lidar com esse problema, o Ministério da Educação, em colaboração com o Banco Mundial, testou um sistema de alerta antecipado para identificar os alunos em risco de evasão escolar, que aproveitou a análise preditiva com base em melhorias recentes nos dados em nível de aluno. Esse programa inovador conseguiu uma redução de 9% na taxa de evasão escolar durante a transição do ensino fundamental para o ensino médio. ensino médio. Esse estudo de caso demonstra como a análise pode apoiar a avaliação e a elaboração de políticas e testar a eficácia das políticas antes da ampliação, bem como a importância de dados de alta qualidade para permitir que a análise tenha impacto.
Brasil	3.7: Uso de dados fiscais para aumentar a eficiência das aquisições	O governo do estado do Rio Grande do Sul, no Brasil, usou dados fiscais para aumentar a eficiência dos processos de compras, economizando 4 por cento sobre seu gasto total anual com produtos específicos. Desde 2008, o Brasil exige que as empresas registradas que estão sujeitas ao imposto estadual sobre a circulação de mercadorias e serviços emitam faturas digitais para suas transações. Esses dados foram usados para calcular os preços de referência do mercado para definir os parâmetros da licitação. Quando as equipes de aquisições tiveram acesso a essas analíticas, os preços de compra foram reduzidos em 13,2%. Esse estudo de caso mostra como os dados do governo podem ser usados para analítica em todas as funções e como estatísticas simples, como o cálculo de preços de referência, podem ser aproveitadas para melhorar a aquisição.
Colômbia	3.8: Melhoria da eficiência do governo por meio de uma agência analítica centralizada	O governo municipal de Bogotá, na Colômbia, criou uma unidade de análise centralizada, a Ágata, para gerar insights em sistemas de informações gerenciais e funções governamentais para atender às necessidades das partes interessadas da cidade. Entre muitos projetos, a Ágata aproveitou os registros eletrônicos de saúde e a análise preditiva para identificar riscos de saúde em tempo real para mulheres grávidas e recém-nascidos, salvando milhares de vidas. Ela também integrou dados de gerenciamento financeiro público entre organizações, permitindo que elas visualizassem e evitassem a duplicação dos serviços prestados aos cidadãos, melhorando a alocação de recursos. Esse estudo de caso demonstra o valor que uma unidade de análise centralizada pode trazer para a administração pública.

(continua na próxima página)

TABELA 1.1 Resumo dos estudos de caso *(continuação)*

País	Estudo de caso	Resumo
Peru	3.9: Estabelecimento de uma agência analítica descentralizada para melhorar a eficiência da cobrança de impostos	No Peru, a conformidade fiscal é um desafio para as autoridades fiscais. Para enfrentar esse desafio, a Superintendência Nacional de Administração Aduaneira e Tributária criou sua própria unidade de análise. Essa unidade realizou vários projetos analíticos para fortalecer o controle e a conformidade tributária e alfandegária, gerando milhões de dólares em receita adicional e servindo como um elemento-chave da estratégia da superintendência para melhorar a eficiência da administração tributária. Esse estudo de caso demonstra como as unidades analíticas descentralizadas podem desenvolver analíticas preditivas sofisticadas, levando a melhorias significativas na arrecadação de impostos.
Vários países	3.10: Datathons como uma ferramenta para promover a análise de dados	Muitos governos da América Latina e do Caribe criaram plataformas ou organizaram eventos para compartilhar práticas recomendadas, ferramentas e histórias de sucesso relacionadas à análise. Nesses "datathons", os funcionários públicos e os membros da comunidade têm acesso aos dados do governo, aprendem sobre uma questão de política relevante e colaboram para produzir analíticas que podem ser usadas para informar a política realização. Este estudo de caso demonstra que os governos se beneficiam do envolvimento com analistas de dados dentro e fora do setor público para reunir ideias para produtos analíticos e fortalecer os canais de recrutamento.
Brasil	3.11: O poder da integração de dados para fortalecer a integridade dos contratos públicos	Em 2022, o Banco Mundial testou o Sistema de Avaliação de Risco de Governança (GRAS) no Brasil. O GRAS usa algoritmos para identificar padrões associados à fraude e à corrupção em contratações públicas, visando fornecedores públicos, agências contratantes e atores individuais. Um pilar do GRAS é sua estrutura robusta de integração de dados, que agrega, O GRAS é um sistema de controle de acesso, que vincula e analisa grandes volumes de dados de contratações públicas, incluindo microdados detalhados sobre empresas e indivíduos. Durante o piloto, o GRAS identificou cerca de 800 empresas que receberam contratos apesar das sanções legais e auxiliou a polícia federal a descobrir redes de corrupção. empresas de fachada e operações de lavagem de dinheiro. Este estudo de caso demonstra como a corrupção no setor público pode ser detectada e reduzida por meio da integração de dados governamentais, da aplicação de analíticas descritivas e preditivas e da triangulação de dados.
Uruguai	3.12: Apoio à implementação de acordos-quadro por meio da análise de dados	Em 2019, o Banco Mundial realizou uma análise dos dados de contratações públicas do Uruguai que identificou os acordos-quadro como uma estratégia para melhorar o desempenho do sistema de compras. Durante a fase de implementação dessa revisão, a análise foi útil para identificar itens que poderiam ser comprados por meio de acordos-quadro. Esse estudo de caso demonstra o impacto da análise descritiva e de diagnóstico para identificar intervenções adequadas e apoiar seu projeto durante a fase de implementação de um programa.

Fonte: Tabela original para esta publicação.

Nota: SIGS = Sistema Integrado de Gestão de Saúde; SIGRH = Sistema Integrado de Gestão de Recursos Humanos; SIGT = Sistema Integrado de Gestão Tributária.

TABELA 1.2 Principais descobertas e recomendações de políticas para fortalecer a analítica governamental

a. *Como os governos podem adotar uma abordagem mais estratégica para a analítica governamental a fim de gerar evidências para a tomada de decisões?*

Principais conclusões	Recomendações de políticas
• Quando a analítica governamental é adequada para uma finalidade específica e personalizada às necessidades de políticas específicas, ele pode aprimorar a tomada de decisões e ajudar a alcançar os resultados do desenvolvimento. • Os governos da América Latina e do Caribe usam principalmente dados administrativos para realizar analíticas descritivas; as analíticas de diagnóstico e preditivas permanecem subutilizadas. • Os governos da região usam principalmente produtos analíticos para monitoramento e prestação de contas e, em menor escala, avaliação e elaboração de políticas. • Os governos da região usam principalmente os sistemas de informações de gerenciamento (MIS) para fins operacionais e transacionais, perdendo a oportunidade de usar dados administrativos e analíticas avançadas para melhorar a tomada de decisões.	• **Fortalecer a cultura de elaboração de políticas baseadas em evidências e a demanda por análises na administração pública.** Revisar como os dados são usados na elaboração de políticas. Definir as prioridades de reforma e as evidências necessárias para orientar as reformas. Gerar demanda para análises por meio de workshops, conferências e programas de compartilhamento de dados. Promover parcerias entre agências e implementar estratégias de governança e gerenciamento de dados. • **Definir o uso estratégico dos dados governamentais.** Revisar como a análise de dados administrativos pode orientar a tomada de decisões em áreas políticas específicas. Elaborar estratégias com relação a usos mais amplos dos dados e considerar como os dados conectados podem beneficiar várias organizações. • **Simplificar a analítica descritiva e desenvolver a analítica de diagnóstico e preditiva.** Criar as condições necessárias para usar os dados administrativos de forma eficaz para monitoramento e prestação de contas, a través de uma estrutura, estabelecendo um processo de apresentação de relatórios e criando uma ferramenta de divulgação. Avançar em direção à analítica de diagnóstico e preditiva para orientar a avaliação e a elaboração de políticas.

b. *Como os governos podem desenvolver recursos analíticos para indivíduos e organizações?*

Principais conclusões	Recomendações de políticas
• Embora os governos da América Latina e do Caribe reconheçam a importância das habilidades analíticas, eles não possuem planos de carreira estruturados para analistas de dados e avaliações de proficiência para funcionários públicos.	• Avaliar as capacidades analíticas existentes. Avaliar regularmente as capacidades analíticas do setor público para identificar as necessidades de capacitação. Desenvolver planos para alinhar as habilidades da força de trabalho com as necessárias para a analítica governamental estratégica. • **Desenvolver de forma estratégica a capacidade analítica.** Oferecer treinamento em análise de dados adaptado às necessidades específicas dos tomadores de decisão, analistas e especialistas no assunto. Desenvolver uma estrutura que conecte o desenvolvimento de habilidades com aplicações práticas.

(continua na próxima página)

TABELA 1.2 Principais descobertas e recomendações de políticas para fortalecer a analítica governamental *(continuação)*

Principais conclusões	Recomendações de políticas
• O financiamento para o desenvolvimento de projetos analíticos é limitado na região. • A criação de agências analíticas especializadas e a colaboração com organizações acadêmicas ou internacionais podem ser estratégias eficazes para enfrentar os desafios de capacitação e simplificar o uso da analítica na tomada de decisões.	• **Estabelecer um plano de carreira específico para analistas de dados para atrair e reter talentos.** • **Institucionalizar a analítica governamental.** Estabelecer agências analíticas especializadas e garantir um orçamento para apoiar as capacidades e produtos analíticos. • **Desenvolver colaborações externas.** Forjar colaborações externas com o meio acadêmico, organizações sem fins lucrativos e organizações multilaterais para lidar com as restrições orçamentárias e a escassez de habilidades e para facilitar a coprodução de produtos analíticos por meio de estruturas eficazes de compartilhamento de dados.

c. *Como os governos podem fortalecer a infraestrutura de dados?*

Principais conclusões	Recomendações de políticas
• Apesar do progresso na digitalização, muitos MIS na América Latina e no Caribe não são suficientemente abrangentes ou são inadequadamente atualizados, com variações consideráveis. • As medidas de controle da qualidade dos dados não são amplamente implementadas nos MIS da região, e a natureza manual e esporádica da limpeza dos dados apresenta desafios para a precisão, confiabilidade, prontidão e replicabilidade das análises. • A interoperabilidade dos MIS é limitada e o compartilhamento de dados entre órgãos governamentais é ad hoc, impedindo que os governos aproveitem totalmente o potencial dos MIS digitalizados para projetos analíticos.	• **Avaliar a qualidade, a integridade e a validade dos dados governamentais e definir as etapas de aprimoramento.** Avaliar e atualizar regularmente os MIS e examinar os ecossistemas de dados mais amplos para evitar silos e fortalecer a eficácia dos MIS. • **Estabelecer controles de qualidade de dados regulares, sistemáticos e automatizados.** Incorporar controles de qualidade de dados nas estruturas dos MIS para garantir a precisão e a confiabilidade. Estabelecer uma equipe dedicada exclusivamente a isso. • **Estabelecer um inventário de dados.** Um inventário de dados deve incluir tipos de dados disponíveis, locais de armazenamento e definições de campo. Isso simplifica o desenvolvimento do projeto e garante o gerenciamento adequado do ciclo de vida dos dados. • **Conectar dados governamentais.** Estabelecer protocolos para o compartilhamento de dados entre órgãos governamentais para conectar e integrar dados administrativos de forma eficaz. • **Plano de manutenção e atualização do MIS.** Criar as condições para que as atualizações do MIS aproveitem continuamente os mais recentes avanços tecnológicos.

Fonte: Tabela original para esta publicação.

NOTAS

1. Consulte a tabela 1.1 e o capítulo 3 para obter informações detalhadas sobre essas e outras iniciativas analíticas dos governos da região.
2. Por exemplo, por meio da Iniciativa de Avaliação Global, o Banco Mundial está promovendo esforços globais para fortalecer os sistemas nacionais de monitoramento, avaliação e uso de evidências para a tomada de decisões. Isso inclui a criação de Centros Regionais de Aprendizagem sobre Avaliação e Resultados em países da América Latina e do Caribe, como o Brasil e o Chile (GEI, n.d.-a, n.d.-b).
3. O relatório reconhece que outros MIS são importantes para o funcionamento eficaz da administração pública. No entanto, ele se concentra nesses seis tipos de MIS porque eles são amplamente adotados na região e representam as principais funções do poder executivo do Estado.
4. O Banco Mundial tem sido um parceiro crucial para os países da América Latina e do Caribe, apoiando o projeto e a implementação de iniciativas para adotar ou modernizar os MIS. Esses esforços têm se concentrado especialmente nos sistemas de informação de gestão financeira pública, devido à importância de sistemas modernos para a implementação de políticas e prestação de serviços. Em 2011, por exemplo, 45 % dos projetos do Banco Mundial na América Latina e no Caribe incluíam investimentos importantes em tecnologia de informação e comunicação para a gestão financeira (Dener, Watkins, e Dorotinsky 2011; Pimenta e Pessoa 2016). Esses esforços refletem o compromisso contínuo do Banco Mundial de apoiar os governos na promoção da tomada de decisões baseadas em dados por meio de seus MIS e no aproveitamento de inovações em tecnologia da informação e comunicação para melhorar a implementação de políticas e a prestação de serviços.

REFERÊNCIAS

Best, Michael Carlos, Jonas Hjort, and David Szakonyi. 2023. "Individuals and Organizations as Sources of State Effectiveness." *American Economic Review* 113 (8): 2121–67. https://doi.org/10.1257/aer.20191598.

Bridges, Kate, and Michael Woolcock. 2023. "Measuring What Matters: Principles for a Balanced Data Suite That Prioritizes Problem Solving and Learning." In *The Government Analytics Handbook: Leveraging Data to Strengthen Public Administration*, edited by Daniel Rogger and Christian Schuster, chap. 4. Washington, DC: World Bank. https://doi.org/10.1596/978-1-4648-1957-5.

Dener, Cem, Joanna Alexandra Watkins, and William Leslie Dorotinsky. 2011. *Financial Management Information Systems: 25 Years of World Bank Experience on What Works and What Doesn't.* Washington, DC: World Bank. https://documents.worldbank.org/curated/en/485641468139212120/Financial-management-information-systems-25-years-of-World-Bank-experience-on-what-works-and-what-doesnt.

GEI (Global Evaluation Initiative). n.d.-a. "The CLEAR Network." GEI, World Bank. Accessed May 8, 2024. https://www.globalevaluationinitiative.org/clear-network.

GEI (Global Evaluation Initiative). n.d.-b. "Who We Are." GEI, World Bank. Accessed May 8, 2024. https://www.globalevaluationinitiative.org/who-we-are.

Hausmann, Ricardo, and Dani Rodrik. 2006. "Doomed to Choose: Industrial Policy as Predicament." Working paper, Center for International Development, Harvard University, Cambridge, MA. https://drodrik.scholar.harvard.edu/publications/doomed-choose-industrial-policy-predicament.

IMF (International Monetary Fund). 2021. *Regional Economic Outlook: Western Hemisphere; A Long and Winding Road to Recovery.* World Economic and Financial Surveys. Washington, DC: International Monetary Fund. https://www.imf.org/en/Publications/REO/WH/Issues/2021/10/21/Regional-Economic-Outlook-October-2021-Western-Hemisphere.

Izquierdo, Alejandro, Carola Pessino, and Guillermo Vuletin, eds. 2018. *Better Spending for Better Lives: How Latin America and the Caribbean Can Do More with Less*. Washington, DC: Inter-American Development Bank. https://dx.doi.org/10.18235/0001217-es.

Keefer, Philip, and Carlos Scartascini, eds. 2022. *Trust: The Key to Social Cohesion and Growth in Latin America and the Caribbean*. Washington, DC: Inter-American Development Bank. http://dx.doi.org/10.18235/0003911.

Maloney, William, Pablo Garriga, Marcela Meléndez, Raúl Morales, Charl Jooste, James Sampi, Jorge Thompson Araujo, and Ekaterina Vostroknutova. 2024. *Competition: The Missing Ingredient for Growth?* Latin America and the Caribbean Economic Review, April 2024. Washington, DC: World Bank. http://hdl.handle.net/10986/41230.

Mazzucato, Mariana, and Dani Rodrik. 2023. "Industrial Policy with Conditionalities: A Taxonomy and Sample Cases." Working Paper 2023/07, Institute for Innovation and Public Purpose, University College London. https://www.ucl.ac.uk/bartlett/public-purpose/wp2023-07.

Pimenta, Carlos, and Mario Pessoa, eds. 2016. *Public Financial Management in Latin America: The Key to Efficiency and Transparency*. Washington, DC: International Monetary Fund. https://doi.org/10.18235/0000083.

Rivas, Lisbeth, and Joe Crowley. 2018. "Using Administrative Data to Enhance Policymaking in Developing Countries: Tax Data and the National Accounts." IMF Working Paper 18/175, International Monetary Fund, Washington, DC. https://www.imf.org/en/Publications/WP/Issues/2018/08/02/Using-Administrative-Data-to-Enhance-Policymaking-in-Developing-Countries-Tax-Data-and-the-46054.

Rogger, Daniel, and Christian Schuster, eds. 2023. *The Government Analytics Handbook: Leveraging Data to Strengthen Public Administration*. Washington, DC: World Bank. https://doi.org/10.1596/978-1-4648-1957-5.

Statistics Canada. n.d. "Administrative Data." Accessed March 15, 2024. https://www.statcan.gc.ca/en/our-data/where/administrative-data.

UK Office for Statistics Regulation. n.d. "Administrative Data (Part 1)." Accessed March 15, 2024. https://osr.statisticsauthority.gov.uk/guidance/administrative-data-and-official-statistics/quality-assurance-of-administrative-data-case-examples/administrative-data-part-1/.

US Census Bureau. n.d. "Administrative Data." Accessed March 15, 2024. https://www.census.gov/topics/research/guidance/restricted-use-microdata/administrative-data.html.

World Bank. 2016. *World Development Report 2016: Digital Dividends*. Washington, DC: World Bank. https://doi.org/10.1596/978-1-4648-0671-1.

World Bank. 2021. *World Development Report 2021: Data for Better Lives*. Washington, DC: World Bank. https://www.worldbank.org/en/publication/wdr2021.

World Bank. 2022a. *GovTech Maturity Index, 2022 Update: Trends in Public Sector Digital Transformation*. Equitable Growth, Finance and Institutions Insight—Governance. Washington, DC: World Bank. https://hdl.handle.net/10986/38499.

World Bank. 2022b. *New Approaches to Closing the Fiscal Gap*. LAC Semiannual Update. Washington, DC: World Bank. https://hdl.handle.net/10986/38093.

World Bank. 2023. *Interoperability: Towards a Data-Driven Public Sector*. Equitable Growth, Finance and Institutions Insight—Governance. Washington, DC: World Bank. https://doi.org/10.1596/38520.

CAPÍTULO 2

Uma estrutura conceitual para a analítica governamental

INTRODUÇÃO

Os governos da América Latina e do Caribe podem aprofundar o uso da analítica governamental para elaborar e implementar políticas públicas melhores. Para entender como fazer isso, os profissionais precisam primeiro examinar o contexto mais amplo que molda as iniciativas analíticas. Este capítulo apresenta uma estrutura conceitual para avaliar a analítica governamental que descreve como os dados e a análise podem ser usados para melhorar os resultados do governo por meio da elaboração de políticas baseadas em evidências e mapeia as condições propícias para a analítica governamental (figura 2.1).

Os países e as organizações governamentais da América Latina e do Caribe variam consideravelmente na medida em que analisam seus dados administrativos, nos tipos de análise que realizam e nas metodologias que empregam, bem como nas formas como aplicam a analítca para enfrentar os desafios da formulação de políticas. Por esse motivo, a estrutura conceitual apresentada neste capítulo foi projetada para ser generalizável a diferentes contextos. A estrutura conceitual informa a descrição das iniciativas analíticas deste relatório no capítulo 3, sua visão geral empírica da análise na região no capítulo 4 e as recomendações de políticas no capítulo 5.

Ao avaliar a analítica governamental de forma holística, os formuladores de políticas da região podem refletir sobre como estão usando seus dados administrativos e identificar as etapas necessárias para liberar todo o seu potencial. Para tornar a estrutura conceitual mais concreta e intuitiva, neste capítulo são apresentados exemplos reais de iniciativas analíticas dos estudos de caso do capítulo 3.
O Apêndice C on-line também inclui um exemplo simulado que coloca os

---

Um pacote de reprodução está disponível para este livro no Reproducible Research Repository em https://reproducibility.worldbank.org/index.php/catalog/209.

leitores na posição de um analista em busca de informação sobre os dados de recursos humanos. Os estudos de caso e o exemplo simulado oferecem uma visão geral acessível da analítica governamental e de suas condições favoráveis, mas os leitores interessados nos detalhes mais técnicos da implementação são aconselhados a consultar *The Government Analytics* O *Handbook* (Rogger and Schuster 2023), fornece uma orientação analítica aprofundada sobre funções governamentais e sistemas de informação específicos, como gerenciamento de recursos humanos, aquisições e gerenciamento de finanças públicas.

FIGURA 2.1 Uma estrutura conceitual para analítica governamental

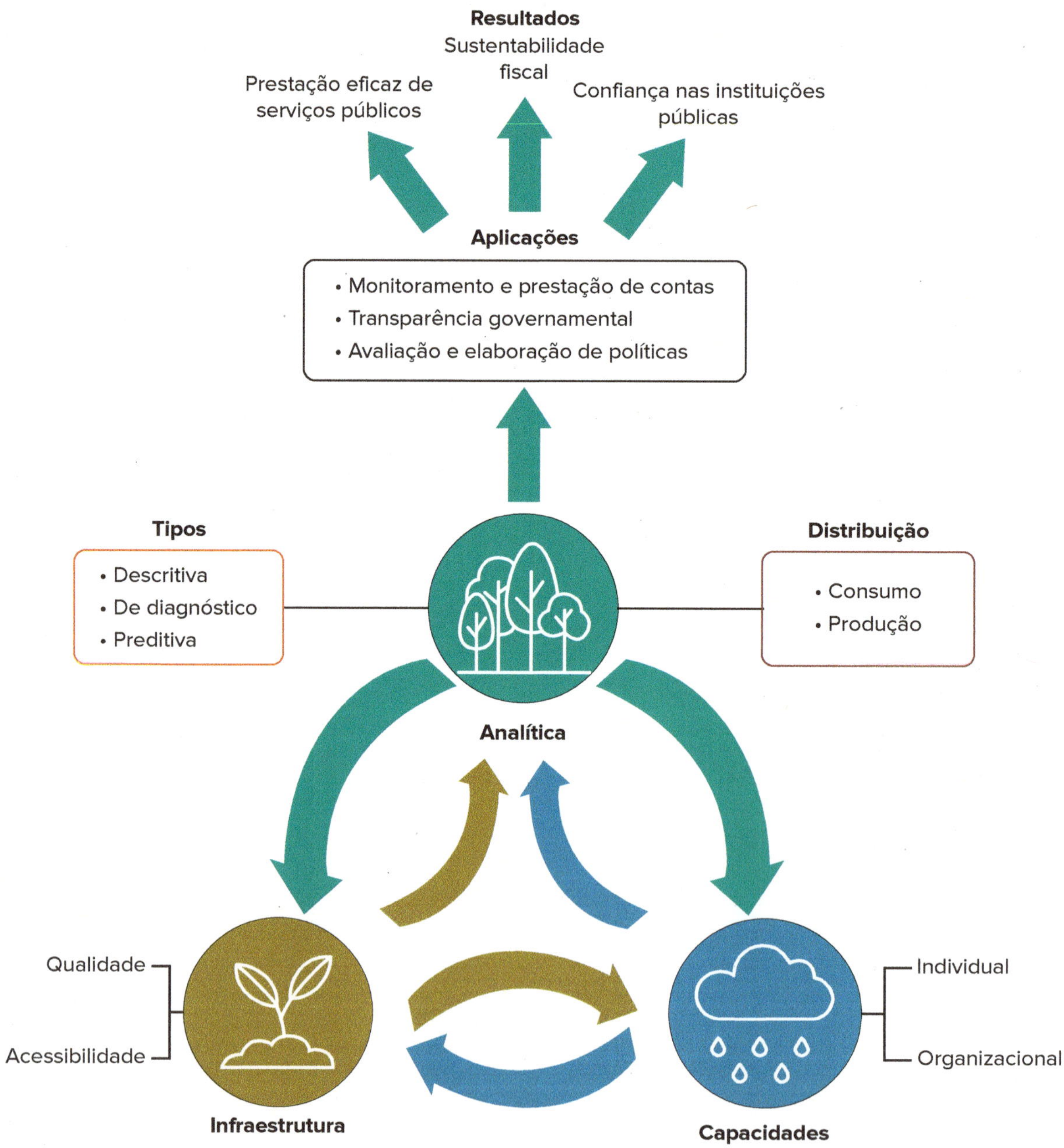

Fonte: Figura original para esta publicação.

Para elaborar a estrutura conceitual, o capítulo baseia-se nos dados obtidos dos relatórios de pesquisas e políticas, bem como em instrumentos de pesquisa que medem a prontidão digital dos governos (por exemplo, a Pesquisa sobre Governo Digital da Organização para a Cooperação e Desenvolvimento Econômico, a Pesquisa sobre Governo Digital das Nações Unidas, o Índice de Maturidade GovTech do Banco Mundial e a ferramenta de Análise de Sistemas de Monitoramento e Avaliação da Iniciativa Mundial de Avaliação). Dessa forma, o capítulo conecta a analítica conceitual e empírica deste relatório a uma agenda de políticas mais ampla sobre o uso da tecnologia governamental na administração pública e sobre os facilitadores de tecnologia governamental e seus complementos analógicos, que servem como fatores de capacitação para as tecnologias digitais (Banco Mundial 2016, 2020, 2021, 2022b). A estrutura conceitual apresentada neste capítulo torna a analítica governamental concreta e viável, oferecendo aos governos um roteiro para aplicar seus conceitos na prática.

A analítica governamental deve ser desenvolvida e aplicada de forma estratégica, em resposta a problemas, demandas e necessidades reais. A primeira metade deste capítulo examina o funcionamento da analítica: que tipos de analíticas os governos podem realizar, como a analítica pode ser usada para orientar a política e a tomada de decisões e como a analítica é produzida e utilizada na administração pública. A segunda metade apresenta as condições favoráveis para a produção e o uso da analítica: os recursos analíticos e a infraestrutura de dados que possibilitam a análise de dados administrativos e garantem que ela possa ser usada para enfrentar os desafios da formulação de políticas em toda a administração pública. A criação dessas condições é essencial para tornar a analítica parte da cultura de tomada de decisões na administração pública e aprofundar a elaboração de políticas baseadas em evidências.

COMO A ANALÍTICA GOVERNAMENTAL MELHORA O FUNCIONAMENTO DO GOVERNO?

Para entender como os governos usam os dados para melhorar seu funcionamento, este capítulo primeiro identifica os *tipos* de analítica que os governos realizam, como os governos *aplicam* a analítica em seu trabalho e como a analítica é *distribuída* entre as partes interessadas dentro e fora da administração pública.

Que tipos de analítica os governos realizam?

A analítica governamental pode dar origem a muitos tipos de iniciativas. A analítica pode ajudar os funcionários públicos a direcionar um programa de lembretes para reduzir a perda de consultas médicas (estudo de caso 3.1)

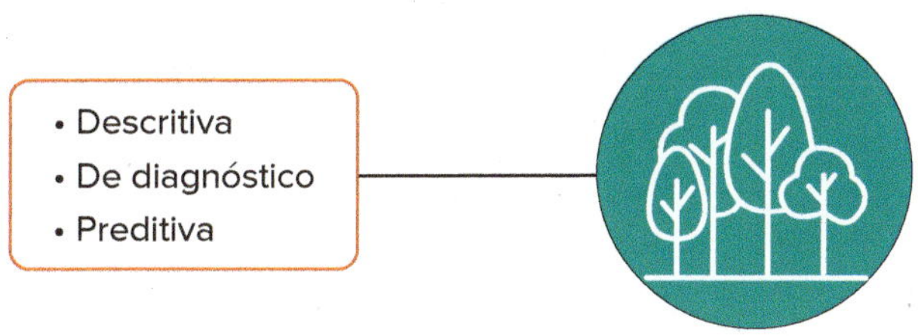

ou ajudar o setor de aquisições a fazer seu trabalho com mais eficiência (estudo de caso 3.7). Pode até servir de base para a criação de uma "cidade inteligente" (estudo de caso 3.8). Essas iniciativas variam muito em termos de complexidade e objetivos, mas os especialistas em dados geralmente categorizam a analítica de dados em três tipos: *descritiva, de diagnóstico* e *preditiva* (consulte, por exemplo, Cote 2021).[1]

Analítica descritiva

A analítica descritiva é um tipo fundamental de analítica. No contexto da analítica governamental, ela se refere ao uso de dados para descrever o setor público e ilustrar tendências mais amplas. Ela também pode resumir e apresentar dados para tornar os conhecimentos analíticos acessíveis aos tomadores de decisão. Em geral, a analítica descritiva responde a perguntas como as seguintes:

- O que aconteceu? (Em contratações públicas, por exemplo: o que o governo comprou?)
- Quando e com que frequência isso aconteceu? (Por exemplo: como as contratações públicas do governo são distribuídas ao longo do ano?)
- Onde isso aconteceu? (Por exemplo: como as compras são distribuídas entre as regiões?)
- Quais são as principais características ou recursos dos dados? (Por exemplo: Qual é o preço médio pago pelas contratações públicas governamentais por tipo de produto?)

A analítica descritiva de dados administrativos envolve a aplicação de técnicas estatísticas, incluindo porcentagens e proporções desagregadas, correlações simples que ilustram a relação entre variáveis e tabulações cruzadas que permitem a comparação de variáveis. As ferramentas de visualização de dados também podem ser usadas para comunicar os resultados da análise aos formuladores de políticas e ao público por meio de painéis, gráficos e mapas.

A analítica descritiva é uma primeira etapa essencial que disponibiliza a evidência e informação da analítica para os formuladores de políticas, estabelecendo a base para a elaboração de políticas baseadas em evidências.

No Chile, por exemplo, o Ministério da Saúde elaborou um programa que reduziu a perda de consultas médicas e aumentou o uso da atenção primária em cerca de 10 % entre sua população- alvo, usando a analítica descritiva para entender melhor as características e as necessidades dos pacientes que mais faltavam às consultas (estudo de caso 3.1).

Analítica de diagnóstico

A analítica de diagnóstico baseia-se na analítica descritiva, tentando entender não apenas *o que* está acontecendo, mas *por que* está acontecendo. Enquanto a analítica descritiva identifica e esclarece as tendências no setor público, a analítica de diagnóstico determina as causas por trás dessas tendências usando modelos estatísticos. Em geral, a analítica de diagnóstico responde a perguntas como as seguintes:

- Por que isso aconteceu? (Por exemplo: Por que a concorrência é baixa nas contratações públicas?)
- Quais fatores influenciaram esse resultado? (Por exemplo: o que influencia a concorrência nas contratações públicas?)

A analítica de diagnóstico baseia-se na analítica descritiva, permitindo que os funcionários públicos identifiquem mecanismos causais que expliquem as tendências observadas nos dados. Por exemplo, na Colômbia, a Unidade de Cientistas de Dados do Departamento Nacional de Planejamento analisou dados de sistemas de informações de gerenciamento de recursos humanos (SIGRH) usando uma combinação de analítica descritiva e de diagnóstico para entender as causas das diferenças salariais no setor público e descobriu uma diferença salarial de gênero de cerca de 6 % entre os trabalhadores temporários. Isso permitiu que o departamento avaliasse a conformidade de fato com a lei antidiscriminação de gênero da Colômbia e informasse a autoridade nacional relevante para que ela pudesse agir de acordo com as descobertas (estudo de caso 3.2).

Analítica preditiva

A analítica preditiva é o tipo mais complexo de analítica. Ela usa dados históricos e técnicas de modelagem estatística, informados por uma compreensão dos mecanismos causais, para fazer previsões sobre o que acontecerá no futuro e como indivíduos ou organizações provavelmente responderão a ações e intervenções. Essas previsões permitem que os governos sejam proativos e apliquem um entendimento mais profundo das consequências futuras às decisões atuais. Em geral, a analítica preditiva responde a perguntas como as seguintes:

- O que é provável que aconteça no futuro? (Por exemplo: Quanto o governo provavelmente gastará em cada setor no futuro?)
- Qual é a probabilidade de ocorrência de um evento específico? (Por exemplo: qual é a probabilidade de um contrato ser renegociado?)

A analítica preditiva se baseia na analítica descritiva e de diagnóstico porque combina uma imagem orientada por dados da situação atual do setor público (fornecida pela analítica descritiva) com uma compreensão profunda dos mecanismos causais que impulsionam as tendências (fornecida pela analítica de diagnóstico) para fazer previsões informadas.

Por exemplo, o governo federal do Brasil e o Banco Mundial usaram a analítica preditiva para projetar a massa salarial do governo em diferentes cenários da política. Essas projeções consideraram o crescimento do número de funcionários, a progressão salarial e outros fatores para simular o crescimento da massa salarial e, ao mesmo tempo, modelar os efeitos da redução do crescimento salarial, suspensão de contratações e outras políticas (figura 2.2). Essas projeções serviram de base para uma reformulação da política salarial do governo federal, fornecendo uma clara justificativa para ajustes salariais para evitar uma crise fiscal (Tavares, Ortega Nieto e Woodhouse 2023).

FIGURA 2.2 Economia fiscal cumulativa em três cenários de política salarial, Brasil, 2019-30

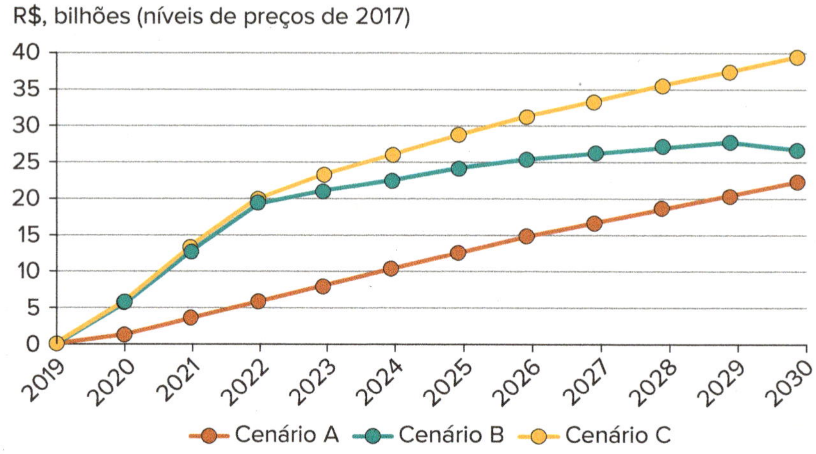

Fonte: Tavares, Ortega Nieto e Woodhouse 2023, com base em dados do governo brasileiro de 2019.

Para obter exemplos de diferentes tipos de análise usando dados administrativos, consulte os capítulos 10-12, 14 e 15 do *The Government Analytics Handbook.*

A classificação de diferentes iniciativas analíticas como descritivas, de diagnóstico ou preditivas ajuda os profissionais a entender melhor como cada tipo de analítica complementa as outras. Por exemplo, os resultados da analítica descritiva podem destacar a necessidade de uma análise mais aprofundada por meio da analítica de diagnóstico ou preditiva. Da mesma forma, um painel bem projetado que ajuda os usuários a visualizar e interpretar tendências nos dados (analítica descritiva) pode ser aprimorado com recursos que ajudam a avaliar os possíveis resultados de diferentes cenários (analítica preditiva). Os governos precisam de recursos e infraestrutura mais sofisticados para realizar analíticas mais avançadas. No entanto, a analítica descritiva pode ser suficiente para perguntas que exigem uma medição direta para serem respondidas, além de fornecer a base de alta qualidade necessária para tarefas analíticas mais complexas. Por exemplo, a analítica descritiva permitiu que a organização anticorrupção juvenil reAcción Paraguay rastreasse os gastos do governo com escolas, aumentando a responsabilidade do governo perante os cidadãos (estudo de caso 3.3).

Os governos devem reconhecer os tipos de analíticas que já podem produzir, bem como identificar as próximas etapas para desenvolver sua capacidade e infraestrutura para analíticas mais complexos, sem perder de vista os tipos de perguntas que serão úteis para os formuladores de políticas. Cada tipo de análise atende ao objetivo geral de transformar dados brutos em informações viáveis, cada tipo de analítica depende das outras e cada tipo de analítica pode ser aplicada para fortalecer o funcionamento do governo.

Como os governos aplicam a analítica?

Após a avaliação dos tipos de analíticas que um governo está realizando, o foco pode se voltar para a *forma como* ele aplica a analítica para aprimorar o projeto e a implementação de políticas. A estrutura conceitual do relatório identifica três aplicações gerais da analítica governamental: possibilitar *o monitoramento e a prestação de contas*, aumentar *a transparência do governo* e auxiliar na *avaliação e* na elaboração *de políticas*.

Monitoramento e prestação de contas

A primeira aplicação da analítica governamental considerada aqui é permitir *o monitoramento e a prestação de contas*. A analítica pode ser usada para relatar o status quo na administração pública, monitorar tendências, acompanhar o progresso em direção às metas e manter os funcionários públicos responsáveis. Por exemplo, a analítica pode ser usada para projetar ferramentas destinadas a identificar fraudes e corrupção. Em aquisições, isso pode significar a implementação de um sistema que identifique irregularidades em contratos de licitação (estudo de caso 3.11).[2] Como outro exemplo, no Uruguai, o Escritório Nacional do Serviço Público está desenvolvendo uma plataforma on-line de gerenciamento de recursos humanos que permitirá o planejamento estratégico da força de trabalho, tornando as informações sobre a composição da força de trabalho do setor público, as habilidades e competências dentro dela e as necessidades futuras de capital humano mais acessíveis aos tomadores de decisão (estudo de caso 3.4).

Para usar a analítica com sucesso para monitoramento e prestação de contas, os governos devem estar atentos à comunicação. O uso da analítica para monitoramento pode levar a desconfiança generalizada entre os funcionários públicos, principalmente se os governos não comunicarem claramente como os dados serão usados. Uma comunicação deficiente pode promover a percepção de que a analítica é uma ferramenta de controle em vez de um meio para promover a responsabilidade e a eficiência, dificultando a introdução bem-sucedida de inovações analíticas no setor público.

Para obter exemplos de como a analítica pode ser usada para monitoramento e prestação de contas para reduzir a corrupção, consulte o capítulo 8 do *The Government Analytics Handbook*.

Transparência governamental

A segunda aplicação da analítica governamental que esta seção considera é aumentar *a transparência do governo*. Quando os cidadãos têm acesso a informações acionáveis sobre como o governo opera - por exemplo, por meio de um painel ou portal que rastreia a prestação de serviços ou o investimento público em diferentes regiões de um país - eles têm o poder de responsabilizar o governo, identificar questões políticas, comunicar suas prioridades e promover mudanças.

A organização reAcción Paraguay demonstra como a mobilização dos cidadãos, capacitada por dados publicamente disponíveis do sistema de aquisições do país, expôs a má gestão de fundos públicos, ajudou o governo a melhorar a alocação de recursos públicos e gerou um impulso para tornar a implementação e a gestão de programas públicos mais transparentes e responsáveis perante os cidadãos (estudo de caso 3.3). O uso da analítica para aumentar a transparência do governo se alinha estreitamente com as metas de política relacionadas ao governo aberto, dados abertos e participação cidadã (Banco Mundial 2022a).

Avaliação e elaboração de políticas

A aplicação final da analítica governamental aqui tratada é para orientar *a avaliação e a elaboração de políticas*. O uso da analítica para avaliação de políticas é uma agenda crescente com aplicações abrangentes em diferentes áreas do governo (consulte, por exemplo, Legovini e Jones 2021). Atores externos também podem contribuir para essas aplicações. Conceder às instituições de pesquisa e universidades acesso a dados administrativos não só aumenta a transparência, mas também pode alimentar uma agenda de pesquisa para ajudar os formuladores de políticas a investigar os efeitos das políticas existentes, avaliar sua relação custo- benefício e obter uma compreensão mais clara dos mecanismos subjacentes aos seus efeitos.

A análise de dados administrativos pode ser uma opção de baixo custo para a avaliação de políticas, possivelmente superando a falta de dados de linha de base para programas de longa duração (Barca et al. 2023). Por exemplo, pesquisadores que trabalham com a autoridade fiscal do Equador analisaram dados fiscais para avaliar uma intervenção de política na qual as empresas eram notificadas sobre discrepâncias de receita em seus relatórios fiscais, demonstrando em que condições a política era eficaz para aumentar a arrecadação de impostos corporativos (estudo de caso 3.5).

A analítica governamental também pode orientar o desenvolvimento e a criação de novas políticas. A analítica pode ser integrada ao desenvolvimento de programas para ajudar os governos a aproveitarem os recursos existentes de forma eficiente, garantindo que os programas sejam econômicos antes de serem implementados de forma mais ampla. Na Guatemala, o Ministério da Educação conduziu um programa piloto incorporando a analítica para melhorar a prestação de serviços educacionais. Ao usar a analítica preditiva para produzir listas de alunos em risco de abandonar a escola, o ministério permitiu que a equipe da escola identificasse e apoiasse esses alunos. Uma avaliação de impacto do programa mediu sua eficácia em algumas escolas do país antes de ser ampliado para todo o país (estudo de caso 3.6).

Como a analítica governamental é distribuída?

Mesmo que a analítica governamental seja altamente avançada e seus objetivos sejam claramente definidos, ela não contribuirá para melhorar o funcionamento do governo, a menos que seja usado ativamente pelos formuladores de políticas e outras partes interessadas.

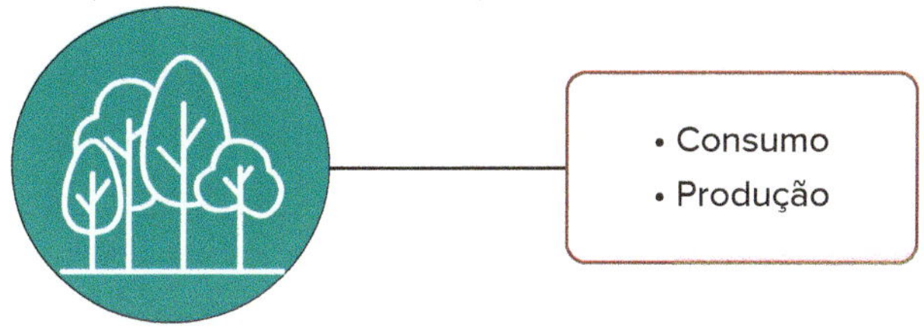

Para avaliar o impacto da analítica é necessário compreender a dimensão de seu *consumo* e *produção*, incluindo a identificação de atuais e potenciais usuários de produtos analíticos. Para ter um impacto, a analítica deve ser produzida em resposta a uma necessidade política específica identificada por seus consumidores.

Consumo

O primeiro fator considerado aqui é quem *consome* produtos analíticos no setor público e por quê. Compreender o consumo de analíticas permite identificar se o conhecimento que está sendo gerado é relevante para as pessoas que o utilizam e, portanto, se é útil para moldar decisões críticas. Por exemplo, a análise das trajetórias de aprendizagem dos alunos do ensino fundamental pode ajudar uma agência de desenvolvimento da primeira infância a refinar suas decisões pedagógicas, mas pode não ser relevante (especialmente no curto prazo) para uma agência de ensino superior.

Ao mesmo tempo, diferentes agentes do governo podem usar os mesmos produtos analíticos para diferentes fins. Por exemplo, os políticos podem usar a analítica para elaborar leis e políticas mais eficazes, enquanto os gerentes do setor público podem usá-la para avaliar o desempenho de suas unidades. Compreender quem usa um produto analítico e adaptar o produto em resposta ao seu feedback é fundamental para garantir que a analítica permaneça relevante para as necessidades dos formuladores de políticas. Da mesma forma, ter uma visão ampla dos *possíveis* consumidores de produtos analíticos pode ajudar os governos a entender a necessidade de evidências entre os diferentes tomadores de decisão em toda a administração pública, permitindo que eles identifiquem oportunidades para soluções analíticas e direcionem e implementem melhor essas soluções. A analítica tem mais impacto quando os formuladores de políticas solicitam as evidências de que precisam e as utilizam para moldar políticas e informar decisões críticas, o que exige uma cultura mais profunda de tomada de decisões baseadas em evidências.

Ao compreender e responder às necessidades operacionais existentes, os analistas podem até descobrir novos usos para as analíticas existentes. Por exemplo, a equipe de impostos da Secretaria da Fazenda do Estado do Rio Grande do Sul, no Brasil, desenvolveu um algoritmo que usa dados fiscais de faturas eletrônicas entre empresas para estimar os preços de referência do mercado.

Inicialmente, esse algoritmo tinha uma função descritiva dentro da unidade fiscal. Mas seu valor aumentou drasticamente quando foi compartilhado com as equipes de compras, que puderam usar as informações sobre o preço de referência de mercado para aprimorar suas estratégias de negociação, levando a uma redução significativa de 13,2 % no preço dos bens adquiridos (estudo de caso 3.7). Quando os produtos analíticos são compartilhados e adaptados pelos produtores para atender às necessidades dos consumidores, novos tipos e aplicações da analítica podem ser descobertos.

Para obter um esboço de como os formuladores de políticas podem utilizar e disseminar produtos analíticos, consulte os capítulos 25 e 26 do *The Government Analytics Handbook.*

Produção

O segundo elemento examinado aqui é a frequência com que os órgãos *produzem* analíticas. Mesmo as analíticas de alta qualidade e muito necessárias, se forem produzidas apenas de forma intermitente ou quando já for tarde demais para orientar as decisões políticas, não serão úteis para os tomadores de decisão. Por exemplo, imagine um órgão que produza analíticas preditivas excelentes sobre a evolução da massa salarial do governo, mas que o faça somente quando já for tarde demais para fornecer alguma informação para as discussões orçamentárias.

É possível identificar três tipos diferentes de produção de analítica. A analítica pode ser produzida *ad hoc*, na forma de exercícios únicos em resposta a solicitações pontuais. Também pode ser produzida de forma mais regular, de maneira *burocrática*, para cumprir as leis e os regulamentos existentes. Por fim, a analítica pode ser produzida *estrategicamente*, na forma de produtos analíticos contínuos que respondem a um plano estratégico geral para atender às necessidades organizacionais e às demandas em tempo real.

Uma abordagem estratégica para a produção de analíticas é essencial para colocar informações úteis nas mãos dos tomadores de decisão quando eles mais precisam. Se as agências produzirem analíticas em um cronograma regular, será mais fácil disseminar as informações para aqueles que precisam delas e integrar as evidências aos processos de tomada de decisão existentes. A produção estratégica de analíticas também ajuda os tomadores de decisão a pensar proativamente sobre as evidências necessárias para orientar políticas e reformas, e pode até mesmo ajudá-los a identificar problemas ou oportunidades que, de outra forma, não seriam percebidos, facilitando o desenvolvimento de analíticas mais complexas. Por exemplo, o monitoramento contínuo dos indicadores de saúde permitiu que o Ministério da Saúde do Chile descobrisse que os pacientes que mais precisam de exames médicos regulares - aqueles com doenças crônicas - estavam perdendo o atendimento primário. O Ministério da Saúde está trabalhando para que os pacientes sejam atendidos com mais frequência, um problema que não havia sido identificado anteriormente. Essa percepção permitiu que o ministério tomasse as medidas adequadas para resolver o problema (estudo de caso 3.1).

Como os tipos, as aplicações e a distribuição da analítica interagem?

A definição da analítica precisa ser feita nesse nível de detalhe, pois é possível aplicar cada um dos usos da analítica governamental - permitindo monitoramento e prestação de contas, aumentando a transparência do governo e auxiliando na avaliação e na elaboração de políticas - usando tipos de analítica descritiva, de diagnóstico e preditiva. Também é possível implementar esses tipos de analítica em diferentes escalas de produção e consumo: um projeto analítico pode ser direcionado a um órgão governamental específico ou ter como objetivo atingir um público de todo o governo, incluindo gerentes do setor público e políticos. Por exemplo, considere um painel que rastreia dados relativos à prestação de serviços. Esse é um aplicativo de analítica descritiva, mas pode ser aplicado de forma diferente por diferentes partes interessadas. Uma agência governamental pode usar o painel para monitorar sua própria eficiência, enquanto uma organização de vigilância pode usá-lo para avaliar a transparência do governo, e os formuladores de políticas podem consultá-la ao tomar decisões orçamentárias. Por esse motivo, os profissionais precisam considerar os tipos, as aplicações e a forma de disseminação da analítica governamental para descrevê-la de forma holística.

Essas dimensões independentes da analítica também interagem. Os governos devem adaptar os tipos de analítica que produzem às necessidades operacionais de seus atuais e potenciais usuários. Da mesma forma, eles devem considerar como os diferentes tipos e aplicações de analítica podem se basear uns nos outros, especialmente quando os produtos analíticos são produzidos, compartilhados e aprimorados regularmente. Entretanto, a compreensão de como os diferentes tipos de analítica são produzidos e consumidos na administração pública e aplicados para enfrentar diferentes desafios de formulação de políticas ilustra apenas uma parte do ecossistema geral de analítica governamental. A analítica também interage com suas condições favoráveis: os fatores subjacentes que tornam os projetos analíticos possíveis e os ajudam a ter sucesso na melhoria do funcionamento do governo. A seção a seguir discute duas condições favoráveis essenciais para a analítica governamental: recursos analíticos e infraestrutura de dados.

QUAIS SÃO AS CONDIÇÕES FAVORÁVEIS QUE SUSTENTAM A ANALÍTICA GOVERNAMENTAL?

A compreensão de como é vista a analítica na administração pública - incluindo os tipos de analítica produzidos e como eles são aplicados - fornece um ponto de partida para uma exploração mais profunda das condições favoráveis à analítica. Quais fatores tornam a analítica governamental possível e permitem que ela tenha um impacto com relação a melhoria na tomada de decisões e nas políticas públicas? Ao definir e identificar esses fatores, os governos podem identificar as oportunidades para fortalecer suas capacidades nas direções descritas na seção anterior: avançar em direção a tipos mais diversificados de analítica, uma produção mais intensiva e estratégica da analítica e uma aplicação mais ampla pelos tomadores de decisão - tudo isso garantindo que a analítica continue sendo orientada por problemas concretos e relevantes para as necessidades dos formuladores de políticas.

A discussão aqui apresentada examina primeiramente as *capacidades* analíticas de que os governos precisam, concentrando-se em estratégias e ações no âmbito organizacional e individual para promover e sustentar o uso da analítica. Em segundo lugar, considera-se que a *infraestrutura de* dados garante que os dados sejam de alta qualidade e prontamente acessíveis às equipes de análise e aos tomadores de decisão (Figura 2.3).

FIGURA 2.3 Condições favoráveis para a analítica governamental

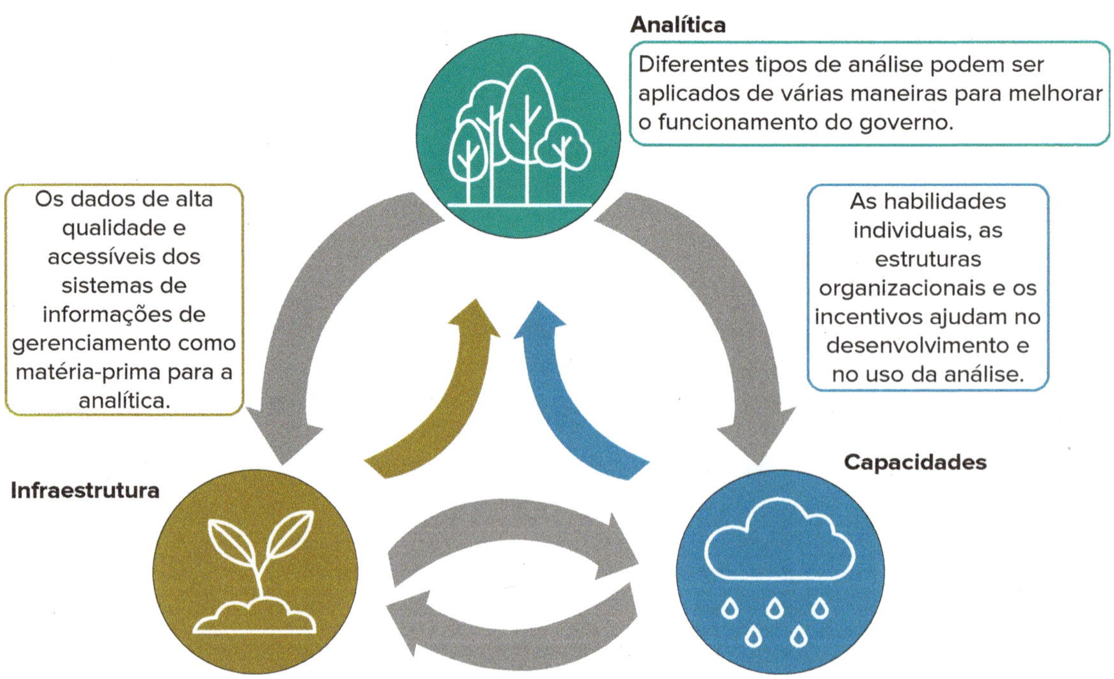

Fonte: Figura original para esta publicação.

Quais são as capacidades analíticas que o governo possui?

Os recursos subjacentes necessários para a análise de dados e a elaboração de políticas com base em evidências incluem não apenas as habilidades individuais, mas também as estruturas institucionais e os incentivos que apoiam o desenvolvimento e o uso de percepções analíticas. Assim, os recursos analíticos podem ser classificados como *organizacionais* ou *individuais.*

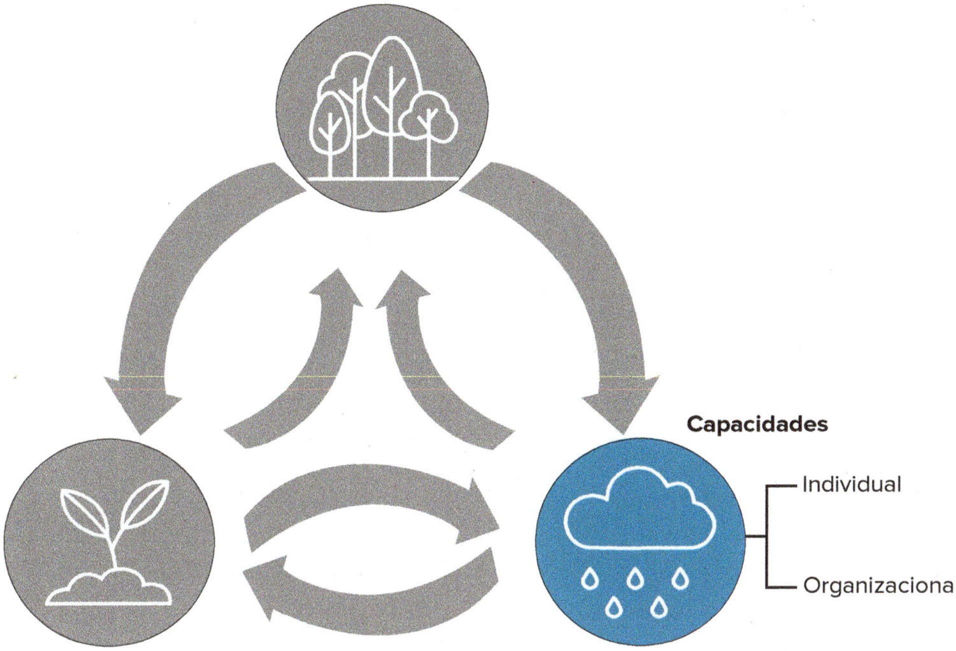

Capacidades organizacionais

As estruturas, os incentivos e as estratégias no âmbito organizacional desempenham um papel fundamental na promoção e na sustentação do uso da analítica como uma ferramenta fundamental para a tomada de decisões. Agências analíticas especializadas, incentivos para apoiar projetos analíticos e estratégias de colaboração com agentes externos criam condições para que os tomadores de decisão tenham acesso fácil a analítica de alta qualidade quando precisarem. Os governos que investem proativamente em seus recursos analíticos têm maior probabilidade de usar os dados de forma eficaz em geral (Pew Charitable Trusts 2018).

As agências analíticas especializadas são fundamentais para promover a produção de analíticas e garantir que a informação analítica se alinhe estreitamente às necessidades operacionais, conforme discutido na seção anterior. Essas unidades não apenas centralizam o conhecimento especializado, mas também promovem uma abordagem mais coesa e ágil no uso de produtos analíticos para enfrentar os desafios das políticas. Sem elas, os esforços de análise tendem a ser ad hoc, o que dificulta a produção estratégica e consistente de analítica que atendam às demandas organizacionais e às necessidades dos tomadores de decisão.

As agências analíticas podem ser organizadas de forma centralizada, com uma única agência analítica do governo, responsável por produzir analíticas em diversas funções governamentais e sistemas de informação em resposta às necessidades e demandas de diferentes órgãos. Por exemplo, a agência analítica de dados Ágata em Bogotá, Colômbia, é responsável por gerar conhecimentos em diferentes áreas de políticas, incluindo saúde e finanças públicas, para apoiar a transformação de Bogotá em uma "cidade inteligente" (estudo de caso 3.8).

Como alternativa, um governo pode operar sob um modelo descentralizado no qual agências individuais investem no desenvolvimento de suas próprias equipes analíticas para atender às suas próprias necessidades. Por exemplo, no Peru, a Superintendência Nacional de Alfândega e Administração Tributária tem sua própria agência analítica. Essa unidade realizou vários projetos analíticos para melhorar o controle e a conformidade tributária e alfandegária, o que constitui um elemento fundamental da estratégia da superintendência para melhorar a eficiência da administração tributária (estudo de caso 3.9). Enquanto as unidades analíticas centralizadas podem obter economias de escala ao permitir equipes maiores e mais diversificadas, as unidades descentralizadas podem oferecer conhecimento específico do setor relevante para um melhor direcionamento dos produtos analíticos. Independentemente de como são organizadas, as unidades analíticas permitem que os governos institucionalizem a inovação e a experimentação analítica.

Os governos podem incentivar ainda mais o uso da analítica de dados por meio de incentivos, como programas de reconhecimento, e alocando recursos para a analítica. Oportunidades de financiamento interno para projetos analíticos podem motivar órgãos e servidores públicos a explorar aplicações inovadoras de dados e analítica. Os governos também podem estabelecer plataformas ou sediar eventos para compartilhar práticas recomendadas, ferramentas e histórias de sucesso, ressaltando a importância do uso da analítica para melhorar os resultados. Por exemplo, os governos do Equador e de outros países da América Latina e do Caribe estão realizando eventos especiais para entusiastas da analítica de dados. Nesses "datathons", os funcionários públicos e membros do público têm acesso a dados administrativos, que são usados para identificar questões relevantes de política e produzir analíticas que podem ser usadas para orientar a formulação de políticas e melhorar o funcionamento do governo (estudo de caso 3.10).

As estratégias de colaboração com agentes externos também desempenham um papel fundamental na promoção de um ambiente favorável à analítica. Essas estratégias podem incluir parcerias com pesquisadores, instituições acadêmicas, organizações sem fins lucrativos ou organizações multilaterais. Entre outras iniciativas, os governos podem colaborar com essas organizações para obter suporte técnico para projetos analíticos específicos, aprimorar as práticas de gerenciamento de dados, participar de atividades de capacitação analítica e integrar novos métodos e produtos analíticos em suas operações.

Para obter orientações sobre como as reformas organizacionais podem viabilizar a analítica governamental, consulte o capítulo 3 do *The Government Analytics Handbook*.

Capacidades individuais

Para desenvolver capacidades analíticas individuais, os governos devem considerar como avaliar e fortalecer as habilidades analíticas dos funcionários públicos, bem como recrutar e reter analistas de dados. Frequentemente é necessária uma combinação de conhecimentos especializados e analíticos para garantir que os produtos analíticos sejam relevantes para os tomadores de decisão em uma determinada área de política (Bhupatiraju et al. 2023). No entanto, promover essa combinação de conhecimentos especializados é um desafio gerencial, especialmente em vista da crescente especialização do trabalho.

Em alguns contextos, pode ser possível treinar especialistas em áreas específicas, como especialistas em impostos, para realizar a analítica de dados em seu campo. Outra abordagem é criar grupos de trabalho (ou unidades) que reúnam especialistas em áreas específicas e analistas de dados para colaborar em produtos analíticos. Nesse caso, os especialistas da área devem ser capazes de articular as evidências de que precisam, compreender o conhecimento analítico e aplicar a analítica para orientar a tomada de decisões. Qual dessas duas abordagens é melhor depende das habilidades e dos recursos organizacionais existentes em uma administração, especialmente se ela possui agências analíticas especializadas.

Para escolher uma abordagem, os governos também precisam avaliar as habilidades analíticas dos funcionários públicos de forma mais ampla. Ferramentas de avaliação, como exames, grupos de foco e pesquisas, podem ajudar a determinar quais habilidades analíticas os funcionários públicos têm ou precisam desenvolver. Os governos devem investir em treinamento contínuo para apoiar essas habilidades, pois o processo de desenvolvimento da capacidade analítica requer tempo, enquanto a rotatividade de pessoal representa um desafio para a sustentabilidade das capacidades aprimoradas.

Os governos também devem avaliar suas práticas de recrutamento e oportunidades de progressão na carreira para analistas de dados, o que determina se estão adequadamente equipados com funcionários públicos capazes de usar dados para a analítica. Os governos podem demostrar seu compromisso com a analítica e oferecer incentivos para que analistas de dados qualificados ingressem e permaneçam no setor público, estabelecendo um plano de carreira exclusivo para analistas de dados.

Ter um plano de carreira dedicado também coloca a administração pública em uma posição mais forte para capitalizar o potencial dos dados administrativos e das tecnologias emergentes. As pesquisas sugerem, por exemplo, que as organizações governamentais que consideram as habilidades técnicas ou de dados como atributos essenciais ao contratar funcionários públicos são mais capazes de integrar e usar novas tecnologias para melhorar sua eficácia operacional (Lember, Kattel e Tõnurist 2018).

Além de desenvolver habilidades analíticas e recrutar e reter analistas de dados, os governos devem considerar iniciativas para desenvolver a capacidade dos tomadores de decisão de usar produtos analíticos. Melhorar o conhecimento e a capacidade dos tomadores de decisão de compreender os resultados da analítica de dados - e identificar suas limitações - é fundamental para integrar efetivamente as descobertas analíticas aos processos de tomada de decisão (consulte, por exemplo, Hjort et al. 2021; Mehmood, Naseer e Chen 2024).

Qual é a situação da infraestrutura de dados do governo?

Os recursos organizacionais e individuais dos governos para empreender, gerenciar e aplicar a analítica de dados e seus conhecimentos são importantes, mas a analítica não levará a melhores resultados, a menos que os dados sobre os quais ela se baseia sejam de alta *qualidade* e *acessíveis* (Comissão dos EUA sobre elaboração de políticas baseadas em evidências, 2017.).[3] O gerenciamento eficaz de dados inclui a criação e o estabelecimento de protocolos para garantir a qualidade, a acessibilidade, a interoperabilidade e a relevância dos dados, juntamente com órgãos governamentais para supervisionar esses protocolos. Também é fundamental garantir que os dados sejam usados de forma ética e transparente. Leis e regulamentações que garantam aos cidadãos o controle de seus próprios dados podem promover a transparência e aumentar a demanda pela analítica governamentais entre os servidores públicos e os cidadãos (Attard et al. 2015; World Bank 2021).

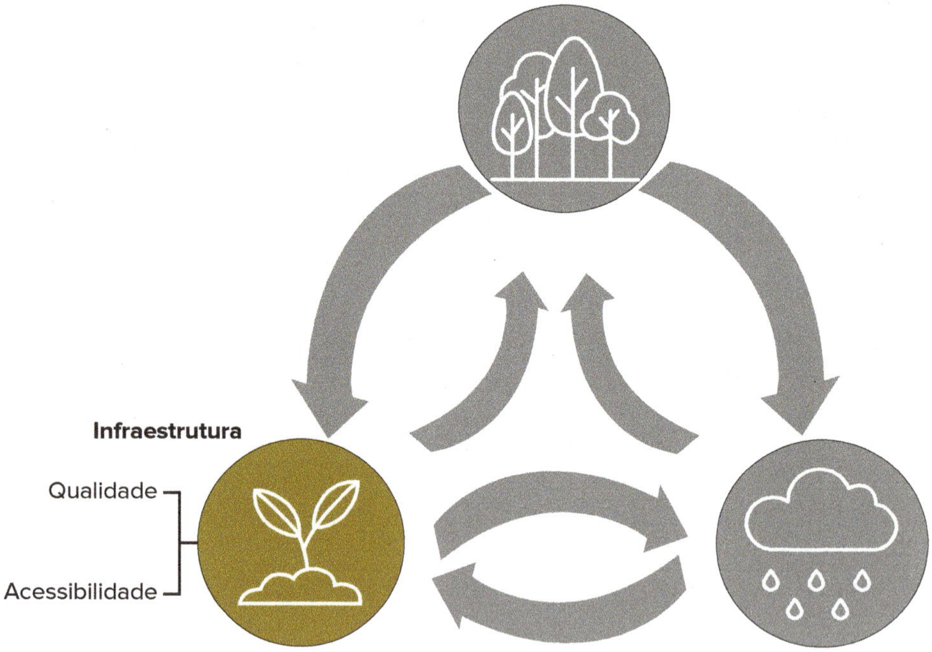

Qualidade dos dados

Os dados de alta qualidade são precisos (representam a realidade da forma mais próxima possível), completos (não faltam informações essenciais), consistentes (seguem os mesmos padrões e formatos em todos os registros e ao longo do tempo) e confiáveis (analíticas repetidas dos mesmos pontos de dados produzem resultados semelhantes).

Estabelecer controles de qualidade de dados robustos e sistemáticos é a primeira etapa para aproveitar os dados administrativos para a analítica. Em geral, os sistemas de informações de gerenciamento funcionam como repositórios centrais de dados transacionais: eles coletam e processam as operações diárias das organizações governamentais. Por exemplo, um sistema de e- Procurement registra contratos de compras governamentais e um sistema de informações de gestão financeira pública (SIGF) coleta dados sobre alocações orçamentárias para programas.

Como os dados administrativos geralmente não são coletados e compilados para fins analíticos específicos, garantir a qualidade desses dados e sua prontidão para a analítica é particularmente importante para assegurar produtos analíticos de alta qualidade.

Os processos de preparação de dados administrativos para a analítica exigem investimentos em infraestrutura técnica, incluindo software e hardware, além de pessoal qualificado. A tarefa fundamental de "limpar" os dados, por exemplo, inclui a identificação e a correção de duplicados, observações corrompidas, imprecisões e inconsistências. Também é importante garantir que os dados sigam formatos padronizados para facilitar a harmonização e a interoperabilidade entre vários conjuntos de dados e sistemas de informação.[4]

Por fim, técnicas de anonimização ou pseudonimização são necessárias para atender aos padrões de proteção e privacidade de dados.[5]

Vincular ou integrar dados de diferentes fontes por meio de identificadores de dados comuns é outra maneira de aumentar a relevância dos dados, torná-los mais utilizáveis e aumentar o impacto dos produtos analíticos. Por exemplo, o Banco Mundial, em colaboração com governos subnacionais no Brasil, desenvolveu uma ferramenta inovadora e orientada por dados para melhorar a detecção de fraude, corrupção e conluio em contratações públicas. Essa ferramenta, conhecida como Sistema de Avaliação de Risco de Governança, depende da integração de diversas fontes de dados, incluindo sistemas de e-Procurement e HRMISs, com informações corporativas e de acionistas. O sistema de avaliação de riscos mostrou-se fundamental na investigação de irregularidades em aquisições no Brasil (estudo de caso 3.11).

Para conhecer os princípios e orientações sobre o fortalecimento da infraestrutura de dados, especialmente no que se refere aos dados dos sistemas de informações de gerenciamento de recursos humanos e dos sistemas de informações de gerenciamento financeiro público, consulte os capítulos 9 e 11 do Handbook of Government Analytics

Acessibilidade de dados

Os dados de alta qualidade devem estar acessíveis e prontamente disponíveis para causar impacto no funcionamento do governo. A acessibilidade dos dados significa que os funcionários públicos podem acessar regularmente os dados de propriedade de suas organizações, que os dados e os produtos analíticos são prontamente compartilhados dentro do governo e que os dados são disponibilizados ao público, tudo isso respeitando os protocolos de confidencialidade e ética.[6]

Quando os dados são acessíveis e prontamente disponíveis, eles permitem que analistas, formuladores de políticas e pesquisadores aproveitem uma grande quantidade de informações que podem gerar decisões informadas. Por exemplo, a Secretaria da Fazenda do Estado do Rio Grande do Sul, no Brasil, conseguiu criar um algoritmo para orientar as aquisições com base em dados administrativos que haviam sido originalmente coletados para tributação. A integração de dados em diferentes sistemas de informação criou as condições para a colaboração entre as unidades, resultando em um produto analítico inovador que reduziu os preços de contratações públicas em 13,2 % (estudo de caso 3.7).

Os dados administrativos são valiosos não apenas para analíticas internas, mas também para o compartilhamento externo a fim de promover a transparência, transformando os dados em um ativo público. Nesse contexto, o movimento de dados abertos tem sido fundamental para facilitar o acesso público aos dados para transparência e participação cívica. O Paraguai, por exemplo, foi o primeiro país do mundo a criar um portal que aderiu ao Padrão de Dados de Contratação Aberta da Parceria para Governo Aberto para publicação e acesso a dados sobre contratos governamentais e licitações públicas (Banco Mundial 2018). Os dados desse portal impulsionaram a organização reAcción Paraguay para mobilizar os cidadãos e ajudar o governo a melhorar a alocação de recursos públicos (estudo de caso 3.3). Quando os dados estão acessíveis ao público, a transparência, a responsabilidade e a confiança pública melhoram porque as ações e políticas do governo podem ser examinadas e validadas.

Essas possíveis aplicações de dados administrativos são prejudicadas por desafios de acessibilidade. Procedimentos inconsistentes e estruturas legais para o acesso e o compartilhamento de dados (tanto dentro do governo quanto com terceiros), juntamente com informações insuficientes sobre os conjuntos de dados disponíveis e seus elementos, impedem a colaboração e a inovação. Quando dados valiosos permanecem em silos dentro dos órgãos governamentais, é difícil fazer um intercâmbio de informações e refletir o panorama geral de uma questão política específica.

Uma maneira de enfrentar esses desafios é criar um processo padronizado que analistas e formuladores de políticas possam utilizar para acessar dados administrativos. Isso implica, entre outras coisas, melhorar a forma como os dados são gerenciados e documentados. Por exemplo, estabelecer um inventário de dados abrangente que descreva os conjuntos e elementos de dados disponíveis nos sistemas de informação garante que os analistas e os formuladores de políticas entendam quais informações existem. Além disso, documentos de metadados detalhados e que podem ser pesquisados ajudam os usuários a entender as características dos dados, como períodos de tempo, unidades de medição e cobertura. Isso permite que os usuários avaliem a utilidade dos dados para abordar questões de políticas antes de acessá-los, para que possam determinar se o acesso vale a pena. Finalmente, deve ser implementado um protocolo formal, bem documentado e fácil de seguir para regular o acesso e a segurança dos dados. Ao enfatizar a acessibilidade dos dados e simplificar os protocolos para seu uso, os governos podem melhorar consideravelmente seus produtos analíticos.

Como a capacidade analítica e a infraestrutura de dados interagem?

As condições favoráveis para a analítica governamental – as capacidades individuais e organizacionais e a infraestrutura de dados - são os ingredientes essenciais para todo projeto analítico. Mas elas também são os fatores que tornam a administração pública um ambiente frutífero para a elaboração de políticas baseadas em evidências em geral: um lugar onde os servidores públicos estão cientes dos dados que os governos produzem e utilizam, estão capacitados para identificar e empreender novos projetos analíticos na tomada de decisões, para implementar políticas e fornecer bens e serviços com maior eficácia e eficiência. O investimento em capacidades analíticas e infraestrutura de dados podem garantir que a administração pública ofereça esse tipo de ambiente.

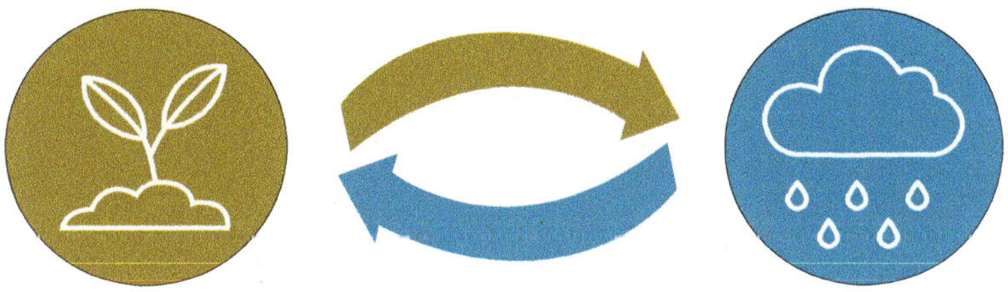

Essas condições favoráveis também fortalecem umas às outras. A qualidade e a acessibilidade da infraestrutura de dados são fortalecidas pelas habilidades da equipe que prepara os dados para a analítica e das organizações que supervisionam os protocolos de qualidade e acessibilidade. Da mesma forma, uma infraestrutura de dados mais sólida que vincule ou integre dados de diferentes fontes torna os dados de maior qualidade acessíveis a organizações e indivíduos, permitindo que eles desenvolvam ainda mais suas habilidades e realizem analíticas mais complexas.

Entretanto, os governos não precisam esperar pelo conjunto perfeito de condições favoráveis para começar a realizar análises com dados administrativos. De fato, conforme demonstrado neste capítulo, bons projetos analíticos não apenas produzem informação para a tomada de decisões, mas também ajudam a fortalecer as condições favoráveis à analítica na administração pública. Os projetos analíticos podem ajudar a revelar pontos fracos na infraestrutura dos dados nos quais a análise é baseada, permitindo que sejam feitas melhorias. Ao mesmo tempo, a realização de um projeto analítico pode ajudar as organizações a identificar as habilidades analíticas que seu pessoal precisa desenvolver, bem como as estruturas organizacionais e os incentivos que tornariam os projetos futuros mais eficazes. Quando os dados são produzidos regularmente por equipes dedicadas e consumidos por tomadores de decisão que oferecem feedback, é mais fácil identificar as próximas etapas para fortalecer ainda mais as condições favoráveis à analítica. O próximo capítulo examina como algumas iniciativas analíticas na América Latina e no Caribe aproveitaram e fortaleceram a infraestrutura de dados e os recursos analíticos na administração pública, ao mesmo tempo em que melhoraram o funcionamento do governo em várias áreas de políticas.

NOTAS

1. Os especialistas em dados geralmente reconhecem um quarto tipo, chamado de *analítica prescritiva*. Entretanto, dada a sobreposição de definição com os outros três tipos, este relatório não o trata como uma categoria separada.
2. Além de seu uso para monitoramento e prestação de contas em setores ou áreas de políticas específicas, a analítica governamental também pode ser aplicada aos sistemas de monitoramento (normalmente conhecidos como "monitoramento e avaliação") no âmbito nacional. Os sistemas de monitoramento centralizado acompanham o progresso em direção à realização dos objetivos de médio ou longo prazo estabelecidos nas estratégias nacionais. Os dados governamentais representam uma rica fonte de informações para os sistemas nacionais de monitoramento, especialmente para medir como o funcionamento da administração pública contribui para a realização de objetivos de desenvolvimento mais amplos.
3. Dada a disponibilidade de materiais de consultoria de alta qualidade sobre a infraestrutura de dados, esta seção da estrutura conceitual oferece apenas uma visão ampla dessa importante condição favorável. As notas fornecem referências a artigos complementares que fornecem os detalhes necessários para os leitores que buscam uma exploração mais abrangente dos tópicos discutidos.
4. Para obter mais informação sobre interoperabilidade de sistemas e harmonização de dados, consulte *Interoperability: Towards a Data-Driven Public Sector* (Banco Mundial 2023).
5. É importante destacar que, mesmo que os dados administrativos sejam de alta qualidade, eles podem não ter uma arquitetura que permita que os formuladores de políticas ou pesquisadores os utilizem de forma eficaz. Esse problema é particularmente significativo no que diz respeito às informações de identificação pessoal, pois os arquivos de dados geralmente precisam ser criptografados em trânsito e em repouso para proteger a privacidade, impondo restrições adicionais sobre como os dados são gerenciados e usados. O compartilhamento de dados criptografados entre órgãos pode ser problemático se não houver protocolos de criptografia padronizados ou acordos sobre acesso e uso de dados. As autoridades de governança de dados devem garantir a existência de regras e procedimentos claros que facilitem a analítica e, ao mesmo tempo, protejam a privacidade. Para obter mais informação sobre governança de dados, consulte os capítulos 6 e 8 do *World Development Report 2021: Data for Better Lives* (Banco Mundial 2021).
6. Para obter mais informação sobre instituições, leis e regulamentações para melhorar a acessibilidade dos dados, consulte o *GovTech Maturity Index, 2022 Update: Trends in Public Sector Digital Transformation* (Banco Mundial 2022a).

REFERÊNCIAS

Attard, Judie, Fabrizio Orlandi, Simon Scerri, and Sören Auer. 2015. "A Systematic Review of Open Government Data Initiatives." *Government Information Quarterly* 32 (4): 399–418. https://doi.org/10.1016/j.giq.2015.07.006.

Barca, Valentina, Madhumitha Hebbar, Charles Knox-Vydamov, and Ida Brzezinska. 2023. "We Have the Data, Let's Use It Better: Pushing the Boundaries of Social Protection Administrative Data Analysis and Use." Deutsche Gesellschaft für Internationale Zusammenarbeit (GIZ) GmbH, Bonn, Germany. https://socialprotection.org/sites/default/files/publications_files/GIZ-%20Use%20Admin%20Data%20Social%20Protection.pdf.

Bhupatiraju, Sandeep, Daniel Chen, Slava Jankin, Galileu Kim, Maximilian Kupi, and Manuel Ramos Maqueda. 2023. "Government Analytics Using Machine Learning." In *The Government Analytics Handbook: Leveraging Data to Strengthen Public Administration*, edited by Daniel Rogger and Christian Schuster, chap. 16. Washington, DC: World Bank. https://doi.org/10.1596/978-1-4648-1957-5.

Cote, Catherine. 2021. "4 Types of Data Analytics to Improve Decision-Making." *Business Insights* (blog), October 19, 2021. https://online.hbs.edu/blog/post/types-of-data-analysis.

Hjort, Jonas, Diana Moreira, Gautam Rao, and Juan Francisco Santini. 2021. "How Research Affects Policy: Experimental Evidence from 2,150 Brazilian Municipalities." *American Economic Review* 111 (5): 1442–80. https://doi.org/10.1257/aer.20190830.

Legovini, Arianna, and Maria Ruth Jones. 2021. "Administrative Data in Research at the World Bank: The Case of Development Impact Evaluation (DIME)." In *Handbook on Using Administrative Data for Research and Evidence-Based Policy*, edited by Shawn Cole, Iqbal Dhaliwal, Anja Sautmann, and Lars Vilhuber, chap. 14. Cambridge, MA: Abdul Latif Jameel Poverty Action Lab. https://admindatahandbook.mit.edu/book/v1.0-rc6/dime.html.

Lember, Veiko, Rainer Kattel, and Piret Tõnurist. 2018. "Technological Capacity in the Public Sector: The Case of Estonia." *International Review of Administrative Sciences* 84 (2): 214–30. https://doi.org/10.1177/0020852317735164.

Mehmood, Sultan, Shaheen Naseer, and Daniel L. Chen. 2024. "Training Policymakers in Econometrics." Unpublished manuscript, last modified January 2024. https://users.nber.org/~dlchen/papers/Training_Policy_Makers_in_Econometrics.pdf.

Pew Charitable Trusts. 2018. *How States Use Data to Inform Decisions: A National Review of the Use of Administrative Data to Improve State Decision-Making.* Philadelphia: Pew Charitable Trusts. https://www.pewtrusts.org/en/research-and-analysis/reports/2018/02/how-states-use-data-to-inform-decisions.

Rogger, Daniel, and Christian Schuster, eds. 2023. *The Government Analytics Handbook: Leveraging Data to Strengthen Public Administration.* Washington, DC: World Bank. https://doi.org/10.1596/978-1-4648-1957-5.

Tavares, Rafael Alves de Albuquerque, Daniel Ortega Nieto, and Eleanor Florence Woodhouse. 2023. "Government Analytics Using Human Resources and Payroll Data." In *The Government Analytics Handbook: Leveraging Data to Strengthen Public Administration*, edited by Daniel Rogger and Christian Schuster, chap. 10. Washington, DC: World Bank. https://doi.org/10.1596/978-1-4648-1957-5_ch10.

US Commission on Evidence-Based Policymaking. 2017. *The Promise of Evidence-Based Policymaking: Report of the Commission on Evidence-Based Policymaking.* Report to the President of the United States, Speaker of the House, and President of the Senate. https://www2.census.gov.mcas.ms/adrm/fesac/2017-12-15/Abraham-CEP-final-report.pdf.

World Bank. 2016. *World Development Report 2016: Digital Dividends.* Washington, DC: World Bank. https://doi.org/10.1596/978-1-4648-0671-1.

World Bank. 2018. "Paraguay: Systematic Country Diagnostic." World Bank, Washington, DC. https://documents1.worldbank.org/curated/en/827731530819395899/pdf/Paraguay-SCD-06292018.pdf.

World Bank. 2020. *Digital Government Readiness Assessment (DGRA) Toolkit V.31: Guidelines for Task Teams.* Version 3.0 (April 2020). Washington, DC: World Bank.

World Bank. 2021. *World Development Report 2021: Data for Better Lives*. Washington, DC: World Bank. https://www.worldbank.org/en/publication/wdr2021.

World Bank. 2022a. *GovTech Maturity Index, 2022 Update: Trends in Public Sector Digital Transformation*. Equitable Growth, Finance and Institutions Insight—Governance. Washington, DC: World Bank. https://hdl.handle.net/10986/38499.

World Bank. 2022b. *New Approaches to Closing the Fiscal Gap*. LAC Semiannual Update. Washington, DC: World Bank. https://hdl.handle.net/10986/38093.

World Bank. 2023. *Interoperability: Towards a Data-Driven Public Sector*. Equitable Growth, Finance and Institutions Insight—Governance. Washington, DC: World Bank. https://doi.org/10.1596/38520.

CAPÍTULO 3

Estudos de caso da analítica governamental na América Latina e no Caribe

INTRODUÇÃO

A estrutura conceitual apresentada no capítulo anterior oferece uma visão de alto nível dos diferentes elementos que compõem o ecossistema da analítica governamental, que os profissionais podem usar para entender como as iniciativas analíticas conseguem melhorar o projeto e a implementação de políticas. Este capítulo aborda essa questão oferecendo descrições detalhadas de 12 estudos de caso de iniciativas analíticas na América Latina e no Caribe, abrangendo vários países e áreas de políticas. Cada estudo de caso fornece um exemplo de como o governo e as organizações de cidadãos usaram dados administrativos para gerar evidências para a tomada de decisões e o impacto significativo dessas evidências sobre como os desafios das políticas sao abordados. Os estudos de caso também analisam de que forma as condições favoráveis (infraestrutura de dados e recursos analíticos) moldaram essas iniciativas. Por exemplo, o estudo de caso 3.9 descreve como a autoridade fiscal do Peru criou uma agência analítica (recursos organizacionais) para desenvolver analíticas preditivas sobre evasão fiscal (tipos e aplicações da analítica).

Os estudos de caso representam apenas uma pequena parte do trabalho analítico diversificado que os funcionários públicos da região realizaram na administração pública. Eles foram identificados por meio de uma combinação de revisão documental e entrevistas com funcionários do governo e profissionais de organizações multilaterais. Os casos foram então selecionados para inclusão no relatório com base em seu potencial para ilustrar conceitos analíticos, objetivos de políticas, desafios e lições. Cada estudo de caso enfatiza evidências que estão ligadas à estrutura conceitual.

Um pacote de reprodução está disponível para este livro no Reproducible Research Repository em https://reproducibility.worldbank.org/index.php/catalog/209.

Entretanto, nem todos os elementos da estrutura conceitual são relevantes para todos os casos, portanto, apenas as evidências relevantes para os elementos e estudos de caso selecionados são destacadas.

Os estudos de caso demonstram a grande variedade de objetivos políticos que podem ser alcançados por meio da analítica governamental. A analítica pode informar as decisões em diferentes estágios da implementação do programa: pode identificar lacunas e áreas para melhorias (por exemplo, estudo de caso 3.2), testar possíveis intervenções antes da ampliação (por exemplo, estudo de caso 3.6) e ajudar a definir os detalhes da implementação de novas políticas (por exemplo, estudo de caso 3.12). Os projetos analíticos não precisam ser complexos para causar impacto na formulação de políticas, mas levam tempo para amadurecer e geralmente se desenvolvem por meio de uma abordagem iterativa, de tentativa e erro. Os governos devem levar em conta os ciclos de tempo associados a essa abordagem e cultivar um ecossistema favorável para ajudar no crescimento das iniciativas analíticas. Em particular, as agências analíticas especializadas e as colaborações externas podem ser estratégias eficazes para aproveitar os recursos analíticos. A conexão de dados de diferentes sistemas de informação também permite que os dados sejam aplicados fora da função governamental que os gerou, o que é um forte argumento a favor da acessibilidade dos dados em todas as organizações governamentais.

Por último, os 12 estudos de caso apresentados neste capítulo mostram que a analítica governamental pode ser desenvolvida em qualquer setor ou ministério e em qualquer esfera do governo. Não existe uma abordagem única para todos os casos: uma agência analítica descentralizada e específica do ministério ou uma unidade centralizada e transversal pode permitir o uso de dados para a analítica. A abordagem correta para a analítica governamental depende do contexto: desafios de elaboração de políticas, necessidades de tomada de decisões e objetivos estratégicos.

ESTUDO DE CASO 3.1: USO DA ANALÍTICA DESCRITIVA PARA REDUZIR A PERDA DE CONSULTAS MÉDICAS (CHILE)

As consultas perdidas são um problema persistente e caro para os sistemas de saúde. No Chile, estima-se que os pacientes faltam de 10 % a 20 % de todas as consultas agendadas, resultando em uma perda anual de aproximadamente US$ 180 milhões (Boone et al. 2022; CNEP 2022). Pacientes com doenças crônicas que exigem monitoramento e tratamento contínuos, como hipertensão e diabetes tipo 2, correm um risco especial se faltarem às consultas, o que pode aumentar as taxas de mortalidade e os custos de saúde.

Para reduzir o número de consultas médicas perdidas, o Ministério da Saúde (MINSAL) do Chile usou a analítica descritiva para entender melhor como as consultas perdidas afetam o sistema de saúde do país e desenvolver um programa em resposta. O MINSAL utilizou o sistema avançado de informações de gerenciamento de saúde do Chile (SIGS), que inclui registros digitais de pacientes com dados demográficos, informações de contato, visitas médicas, prevalência de doenças e resultados de testes. Em particular, o MINSAL comparou os dados dos pacientes sobre consultas perdidas com dados sobre prevalência de doenças. Ao analisar esses dados, o MINSAL conseguiu entender melhor quais pacientes faltaram mais às consultas e formular uma política adaptada às necessidades dessa população.

O MINSAL descobriu que os pacientes com doenças crônicas - aproximadamente 60 % da população do Chile (Margozzini e Passi 2018) - era responsável por uma fração significativa de consultas perdidas, e respondeu desenvolvendo um programa voltado para eles, o Mensajería para la Gestión de Citas en Pacientes Crónicos (Programa de Gestão de Consultas em Pacientes Crônicos). Por meio desse programa, os pacientes com doenças crônicas recebiam lembretes automáticos por mensagem de texto alguns dias antes da consulta agendada, com opções para confirmar, reagendar ou cancelar a consulta. Ao incentivar os pacientes a se comunicarem com as clínicas de saúde, o programa visava não apenas reduzir a perda de consultas, mas também ajudar as clínicas a gerenciar o agendamento e alocar recursos humanos com mais eficiência.

O programa do MINSAL reduziu efetivamente as consultas perdidas em 6 % e aumentou a probabilidade de uso dos serviços de atenção primária em 8,7 % para pacientes com diabetes tipo 2 e em 10,7 % para pacientes com hipertensão (Boone et al. 2022, 2023; CNEP 2022). O programa também melhorou os comportamentos de saúde: levou os pacientes a aderir melhor aos medicamentos prescritos e reduziu as taxas de mortalidade hospitalar.

Ao desenvolver o programa, o MINSAL também descobriu novas informações sobre as causas das consultas perdidas. Durante a implementação do sistema de lembretes, o MINSAL encontrou informações de contato faltante e errada em registros eletrônicos, responsáveis por cerca de 20 % das consultas perdidas (CNEP 2022). A descoberta ressalta a importância de implementar controles sistemáticos de qualidade de dados nos sistemas de informação.

A iniciativa do MINSAL ilustra o impacto que uma analítica descritiva relativamente simples pode ter quando se baseia em dados ricos e abrangentes (figura 3.1). Ao fornecer um panorama exato dos desafios da assistência médica no Chile, a analítica descritiva ajudou o MINSAL a identificar onde os problemas eram mais graves e a formular uma política direcionada para resolvê-los. Também revelou problemas com a exatidão e a integridade dos dados subjacentes, permitindo que fossem feitas correções. Dessa forma, o programa do MINSAL não só incentivou os pacientes que mais precisam dos serviços de atenção primária a usá-los, mas também fortaleceu o ecossistema geral de analítica do governo no Chile.

FIGURA 3.1 Uso da analítica descritiva para reduzir a perda de consultas médicas, Chile

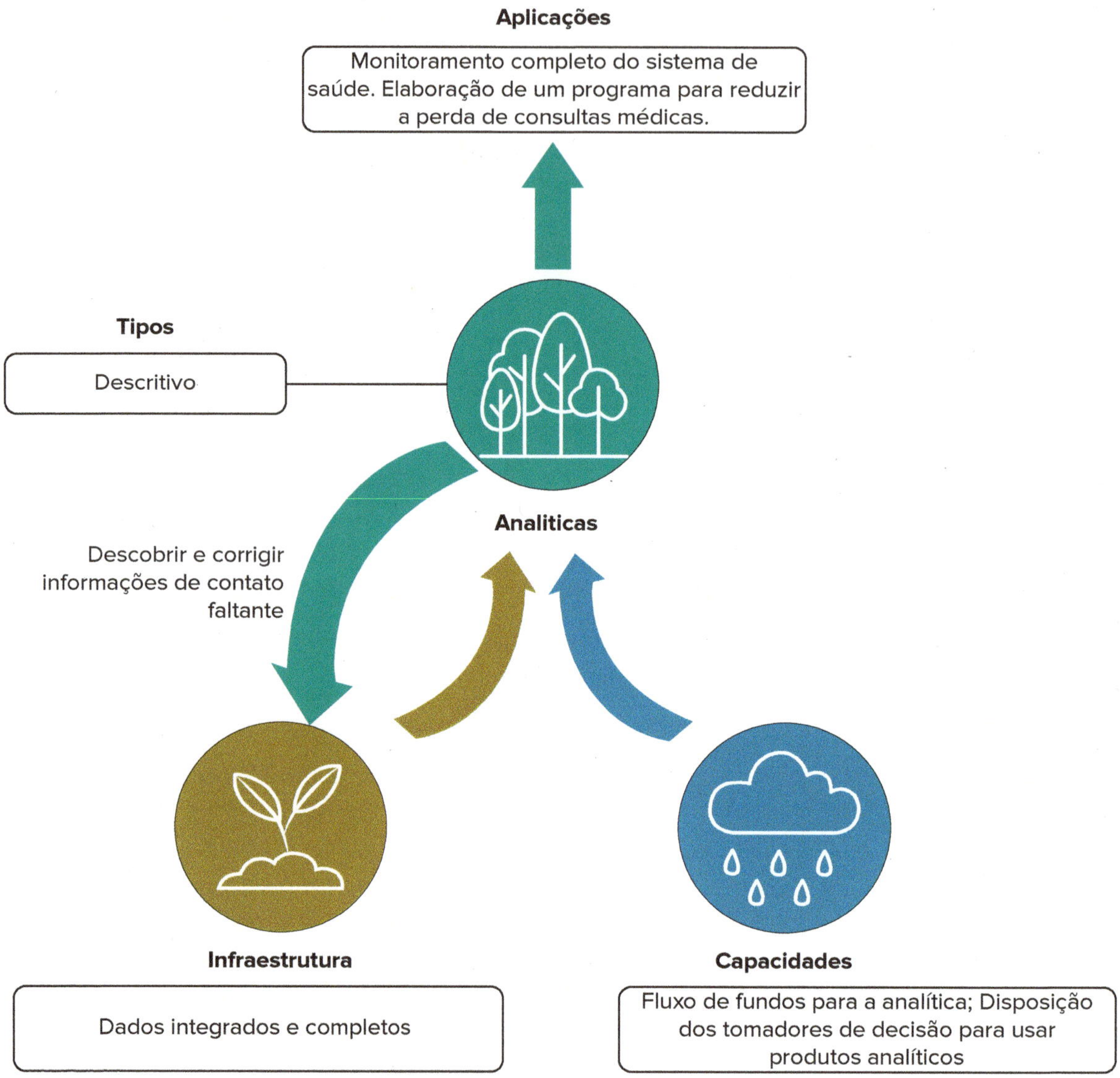

Fonte: Figura original para esta publicação.

ESTUDO DE CASO 3.2: USO DA ANALÍTICA DE DIAGNÓSTICO COM DADOS DE RECURSOS HUMANOS PARA EXPLORAR A DIFERENÇA SALARIAL ENTRE GÊNEROS (COLÔMBIA)

A Ley 1496/11 (Lei 1496 de 2011) da Colômbia determina que mulheres e homens recebam salários e compensações iguais por trabalho de igual valor. Mas a lei é cumprida na prática?

A Unidade de Cientistas de Dados (UCD) do Departamento Nacional de Planejamento da Colômbia usou uma combinação de analítica descritiva e de diagnóstico para determinar se havia uma diferença salarial de gênero no país entre os trabalhadores do setor público com contratos temporários. Criada em 2017, a UCD é uma agência analítica especializada que visa aproveitar o potencial dos dados administrativos para apoiar o projeto, o monitoramento e a avaliação de políticas públicas na Colômbia.

Para estudar as diferenças salariais entre os trabalhadores do setor público, a UCD teve acesso aos dados do sistema de informações de gerenciamento de recursos humanos (SIGRH) por meio de acordos de compartilhamento de dados com o Departamento Administrativo da Função Pública. A UCD usou três tabelas de dados do SIGRH que forneceram informações abrangentes sobre os trabalhadores do setor público de 2012 a 2019, incluindo o seguinte:

- Informações pessoais, como nome, gênero e data de nascimento (com relação ao trabalhador)
- Informações sobre educação (com relação ao trabalhador)
- Informações sobre a natureza e o valor financeiro dos contratos (com relação ao contrato).

Depois de integrar essas tabelas de dados, a UCD realizou verificações da qualidade dos dados para prepará-los para a analítica. Isso envolveu a eliminação de entradas duplicadas, a retificação de registros com informações ausentes ou discrepantes e a resolução de erros de validação de dados.

A UCD iniciou seu estudo com uma analítica descritiva, comparando a renda média entre homens e mulheres em diferentes anos. Essa comparação descritiva ofereceu percepções valiosas, mas não levou em conta outros fatores que poderiam influenciar a remuneração dos trabalhadores, como sua experiência profissional ou educativa. Para identificar o papel do gênero nas diferenças salariais, a UCD continuou o estudo com analítica de diagnóstico. Foram usados modelos econométricos e testes de hipóteses para comparar trabalhadores que compartilhavam características semelhantes, inclusive educação, detalhes do contrato, região geográfica e experiência, isolando o gênero como a única diferença entre eles.

O estudo da UCD revelou uma diferença salarial de gênero de 5 % a 6 % entre os trabalhadores temporários do setor público (UCD 2019), e o Departamento Nacional de Planejamento informou as autoridades que supervisionam as políticas de gênero sobre essas descobertas. Ao combinar diferentes tipos de analítica, a UCD não apenas mapeou as diferenças salariais entre os trabalhadores do setor público (analítica descritiva), mas também verificou que o gênero era responsável por parte dessas diferenças (analítica de diagnóstico). O trabalho analítico da UCD demonstra que uma boa avaliação de políticas produz evidências que descrevem não apenas *o que* está acontecendo, mas também *por que* está acontecendo. Ele também oferece um exemplo do papel fundamental que uma agência analítica especializada pode desempenhar na geração dessas evidências e no apoio a uma melhor tomada de decisões.

ESTUDO DE CASO 3.3: ANALÍTICA DE DADOS PARA A PRESTAÇÃO DE CONTAS DO CIDADÃO – O CASO DA REACCIÓN (PARAGUAI)

Nos últimos anos, o Paraguai se comprometeu a usar a renda decorrente das vendas de eletricidade para financiar a infraestrutura escolar local por meio do Fundo Nacional de Investimento Público e Desenvolvimento (FONACIDE), criado em 2012. No entanto, como resultado do clientelismo e da influência local, os fundos foram canalizados para escolas politicamente favorecidas, em vez das escolas marginalizadas para as quais foram originalmente destinados. Em resposta a isso, a reAcción Paraguay, uma reconhecida organização juvenil anticorrupção, analisou dados de contratações públicas para garantir que os fundos do FONACIDE cheguem às escolas pretendidas, aumentando a transparência do governo e fortalecendo a participação dos cidadãos na alocação de recursos públicos (reAcción Paraguay, n.d.).

O Paraguai tem um rico legado de analítica de dados em aquisições e uma infraestrutura resiliente para a publicação de dados abertos. Além de seus esforços para tomar decisões informadas com base em analíticas completas e oportunas, a Agência Nacional de Contratações Públicas, (DNCP) está comprometida com as recomendações da Parceria para Governo Aberto desde 2012. Em 2014, a DNCP introduziu um portal de contratação aberta em tempo real, fácil de usar, com informações completas sobre licitações e contratos, dados legíveis por máquina e uma interface de programação de aplicativos para integração inovadora de dados. Por meio desse site, o Paraguai se tornou o primeiro país do mundo a adotar o Padrão de Dados de Contratação Aberta para publicação e fácil acesso a dados sobre contratos governamentais e licitações públicas (Banco Mundial 2018).[1] O compromisso da DNCP com a publicação de dados abertos sobre contratos públicos capacitou jornalistas, ativistas e organizações da sociedade civil a monitorar os contratos públicos e identificar possíveis irregularidades.

A reAcción Paraguay usou o portal de dados abertos da DNCP para rastrear a alocação de fundos do FONACIDE, desenvolvendo uma plataforma chamada FOCO que integra esses dados de compras abertas com dados de outras fontes oficiais (como o Ministério da Educação) e dados adquiridos durante as visitas às escolas (reAcción Paraguay 2023). A FOCO teve seu início em uma hackathon organizada pelo governo, um programa para promover a interação cidadão-governo por meio da tecnologia (consulte outros exemplos desse tipo de iniciativa no estudo de caso 3.10). A FOCO permite que os usuários acompanhem os gastos com infraestrutura das escolas elegíveis financiadas pelo FONACIDE, apresentando dados sobre o seguinte:

- Necessidades de infraestrutura por ano e escola
- Classificação das escolas na lista de prioridades do Ministério da Educação

- Escolas que receberam desembolsos e os valores desses desembolsos
- Categorias de gastos que foram cobertos pelos desembolsos (por exemplo, salas de aula, banheiros ou móveis)
- Empresas contratadas para melhorias nas escolas e os valores dos contratos
- Resultados das inspeções das escolas-alvo e das melhorias financiadas pelo FONACIDE.

O FOCO trouxe à tona a má gestão dos fundos do FONACIDE, aumentando a transparência do fundo e ajudando a melhorar sua administração, gestão e integridade. Por exemplo, o monitoramento da reAcción levou a um notável aumento de 400 % na alocação adequada dos recursos do FONACIDE de 2015 a 2017 em Ciudad del Este, a segunda maior cidade do Paraguai (Riveros García 2019). Como resultado dos esforços da reAcción, a DNCP foi persuadida a reformar o processo nacional de contratações públicas do FONACIDE. Em 2020, a reAcción começou a trabalhar diretamente com o governo do Paraguai para desenvolver ainda mais a analítica a coleta de dados para tornar prioritário o financiamento da infraestrutura escolar com base em evidências, e continua trabalhando com o DNCP e o Ministério da Educação para monitorar o FONACIDE.

O exemplo da reAcción Paraguay demonstra que o impacto da analítica governamental é ampliado quando dados de diferentes fontes são conectados. Com base em dados governamentais abertos e acessíveis, uma iniciativa de base conseguiu promover a mobilização cívica, ajudar a sociedade civil a descobrir a má administração de fundos públicos, aumentar a transparência e a prestação de contas e melhorar a alocação de recursos públicos.

ESTUDO DE CASO 3.4: CRIAÇÃO DE UMA PLATAFORMA INTEGRADA DE GERENCIAMENTO DE RECURSOS HUMANOS PARA O PLANEJAMENTO ESTRATÉGICO DA FORÇA DE TRABALHO (URUGUAI)

O planejamento para o futuro da administração pública requer dados sobre a composição da força de trabalho do setor público, a gama de habilidades e competências que ela abrange e as necessidades futuras de capital humano. O governo do Uruguai e seu Escritório Nacional do Serviço Civil (ONSC) está desenvolvendo uma plataforma on-line inovadora para o gerenciamento de recursos humanos que disponibiliza esses dados aos funcionários públicos, aos formuladores de políticas e ao público para otimizar o uso dos recursos públicos; promover as condições propícias para futuras analíticas; e conseguir que o governo seja mais aberto, transparente e responsável perante todos (ONSC, s.d.).

A nova plataforma é um esforço colaborativo que integra e analisa dados dos sistemas de informação de várias organizações governamentais. Como a organização que lidera esse esforço, o ONSC foi encarregado de integrar, proteger e disseminar os dados recebidos de outras organizações, incluindo a transformação dos dados para garantir que sejam consistentes, comparáveis, acessíveis e compreensíveis para o público. A plataforma apresentará novos recursos e analíticas descritivas para fornecer informações oportunas e de alta qualidade para orientar a tomada de decisões sobre o pessoal do setor público, melhorar o recrutamento, promover a inclusão no emprego público para grupos minoritários (incluindo afrodescendentes, pessoas com deficiência, vítimas de violência e transgêneros), reforçar a transparência e a prestação de contas do governo e simplificar os processos que apoiam os direitos e as responsabilidades dos funcionários públicos.

Para atingir esses objetivos, a plataforma transformará o cenário do recrutamento do setor público. Um componente, o "CV digital", combina dados do Uruguay Concursa, o portal de recrutamento do setor público existente, com inteligência artificial para agilizar o recrutamento, garantindo que os cargos públicos sejam preenchidos com os candidatos mais qualificados. O CV digital permitirá que candidatos e funcionários atuais atualizem informações sobre sua formação, experiência, histórico de carreira e habilidades para uso em futuros processos de seleção. Ao fornecer uma visão dinâmica de cada cargo e de seu titular, incluindo o objetivo, as responsabilidades e as habilidades de cada cargo, um CV digital tem como objetivo não apenas melhorar o recrutamento, mas também manter um banco de dados seguro e organizado de empregos, sistematicamente categorizado por categorias ocupacionais, que pode ser usado para planejamento e monitoramento estratégico da força de trabalho.

A plataforma também melhorará o gerenciamento de recursos humanos, especialmente a avaliação de desempenho. Atualizará continuamente os registros digitais dos funcionários públicos com suas realizações e competências, integrando dados de desempenho. Isso reduzirá significativamente o tempo e o esforço envolvidos em promoções e contratações. A plataforma também permitirá que os usuários visualizem informações sobre o desempenho de colegas e supervisores, recebam feedback oportuno e definam objetivos individuais, simplificando o fluxo de trabalho de gerenciamento de talentos.

Por último, a plataforma fornecerá unidades de analítica, como o Laboratório de Inovação e Observatório da Função Pública e o Observatório de Serviços Públicos do ONSC. Entre outras coisas, os analistas poderão estudar os tipos de funcionários públicos que estão prontos para se aposentar ou mudar de cargo, bem como os tipos de cargos que a administração pública tem dificuldade de preencher, para identificar onde os recursos adicionais serão essenciais para sustentar a prestação de serviços. Por exemplo, o Laboratório de Inovação e o Observatório do Serviço Público descobriram que os cargos para servidores públicos especializados são mais difíceis de preencher do que outros tipos de cargos e que o salário oferecido desempenha um papel crucial no preenchimento desses cargos (ONSC 2022a, 2022b, 2022c).

Do recrutamento à gestão de recursos humanos e à analítica, a nova plataforma do Uruguai demonstra o impacto que os dados governamentais podem ter quando diferentes registros administrativos são conectados, os aplicativos poderosos que podem ser criados usando técnicas de analítica descritiva e a importância de monitorar e analisar a força de trabalho do setor público para o planejamento estratégico (Figura 3.2).

FIGURA 3.2 Criação de uma plataforma integrada de gerenciamento de recursos humanos para o planejamento estratégico da força de trabalho, Uruguai

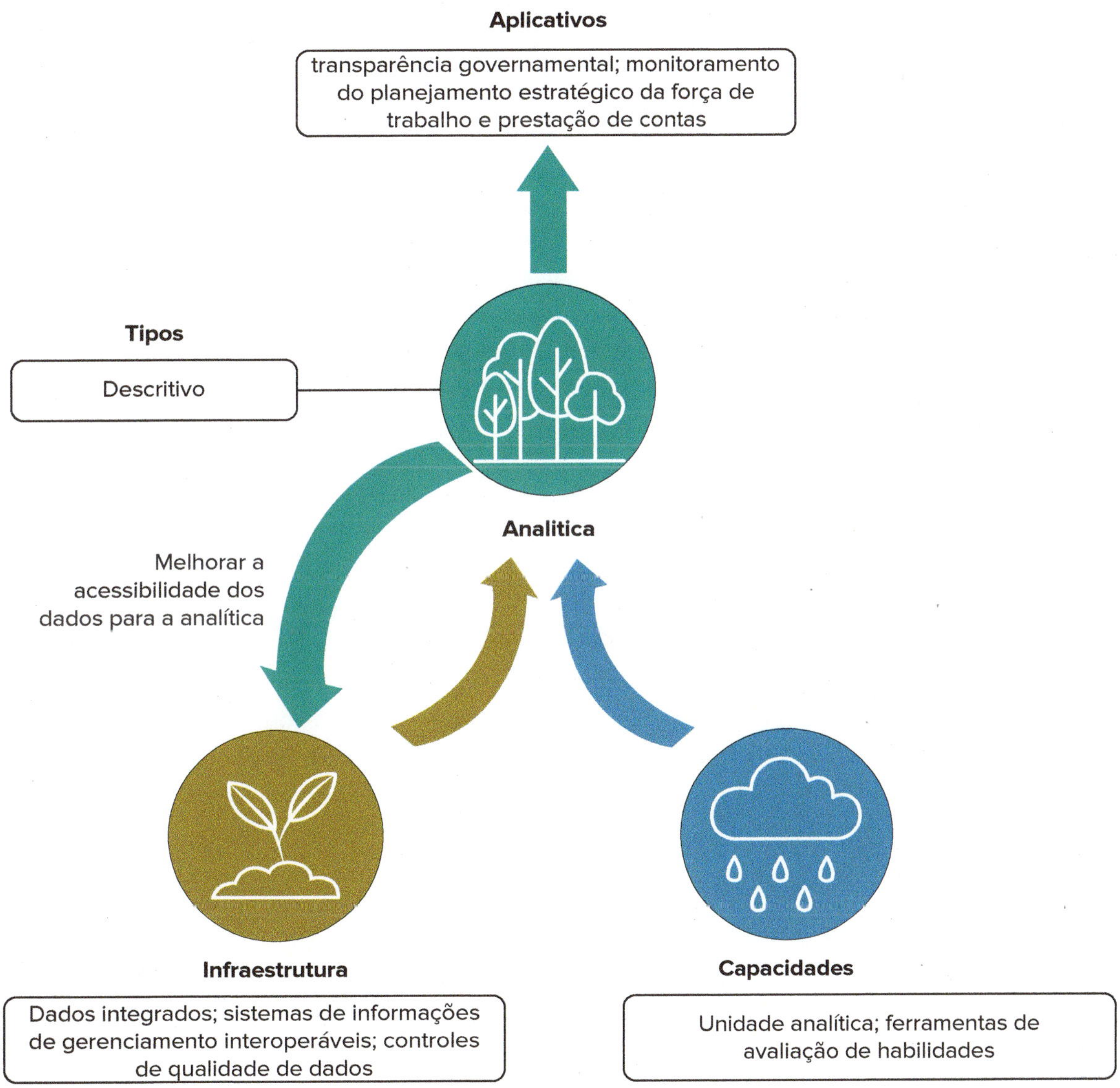

Fonte: Figura original para esta publicação.

ESTUDO DE CASO 3.5: ANALÍTICA DE DADOS FISCAIS PARA AUMENTAR A ARRECADAÇÃO DE IMPOSTOS CORPORATIVOS (EQUADOR)

A evasão fiscal é uma grande preocupação para os governos, pois dificulta a arrecadação de impostos e interrompe a alocação de recursos em uma economia. Ela também pode levar à dependência de instrumentos fiscais economicamente ineficientes. Tradicionalmente, as autoridades fiscais têm auditado os contribuintes para validar suas declarações. Recentemente, elas também começaram a comparar suas declarações com dados de terceiros, como informações salariais fornecidas pelo empregador ou relatórios dos parceiros das empresas. Isso se tornou uma estratégia essencial de arrecadação de impostos em países de alta renda. Os avanços na tecnologia da informação e nos sistemas de informação tornaram os dados de terceiros mais acessíveis e fáceis de usar, integrando-os aos dados do sistema de informações de gestão tributária (SIGT). Essas melhorias são promissoras para impulsionar os esforços de arrecadação de impostos, especialmente nas economias em desenvolvimento (Carrillo, Pomeranz e Singhal 2017; Pomeranz e Vila-Belda 2019).

O Serviço de Rendas Internas (SRI) do Equador, em colaboração com uma equipe de pesquisadores, avaliou a primeira aplicação sistemática e em larga escala de dados de terceiros para apoiar os esforços de fiscalização tributária do Equador. No âmbito dessa iniciativa, as empresas foram notificadas quando os valores de renda declarados não correspondiam aos dados de terceiros incluídos nas declarações de impostos corporativos que detalhavam o valor de suas atividades. As empresas foram instadas a apresentar declarações corrigidas com base no acesso da autoridade fiscal a esses dados.

Para identificar discrepâncias entre os valores de renda informados pelas empresas e aqueles estimados por terceiros, o SRI cruzou dados de formulários de declaração de imposto sobre valor agregado (VAT) com várias fontes, incluindo vendas com cartão de crédito, dados alfandegários e registros de instituições financeiras. O SIGT do SRI foi fundamental para facilitar o armazenamento e a recuperação eficientes das informações digitais do IVA e das declarações de impostos corporativos. As notificações do SRI para as empresas não apenas destacaram discrepâncias na renda entre a declaração da empresa e os dados de terceiros, mas também incluíram os cálculos de renda do próprio SRI.

Os pesquisadores estimaram os efeitos dessas notificações analisando as mudanças nos retornos das empresas antes e depois de receberem as notificações. Eles descobriram que as empresas que responderam ajustaram significativamente sua renda declarada, alinhando-a quase perfeitamente com o valor destacado nas notificações. Entretanto, os pesquisadores também descobriram que as empresas ajustaram os custos informados, compensando parte dos possíveis aumentos na arrecadação de impostos, que foram estimados em centenas de milhões de dólares anualmente. Compreender essas respostas é fundamental para avaliar a eficácia das notificações de terceiros, já que seu impacto pode ser limitado pelas restrições de aplicação enfrentadas pelas autoridades fiscais e pelos ajustes de compensação feitos pelos contribuintes além das receitas declaradas.

A iniciativa do Equador demonstra que os dados do SIGT (com relação ao contribuinte ou à transação) podem ser úteis além do registro das transações. As autoridades fiscais também podem usar esses dados para analisar o comportamento do contribuinte, avaliar as respostas às mudanças na política e na administração e elaborar políticas tributárias ideais (Brockmeyer 2019). De forma mais ampla, a iniciativa mostra como os dados administrativos podem ser usados para uma avaliação rigorosa de políticas, especialmente quando vários registros administrativos e base de dados não administrativos são conectados e pesquisadores externos e analistas de dados fazem parcerias com funcionários públicos.

ESTUDO DE CASO 3.6: USO DA ANALÍTICA PREDITIVA PARA EVITAR A EVASÃO ESCOLAR (GUATEMALA)

Os alunos que abandonam a escola têm menos renda do que os colegas que concluem seus estudos, e também enfrentam outros desafios socioeconômicos. A evasão escolar pode ser evitada por meio de sistemas de alerta precoce que identificam alunos em risco e permitem que os funcionários da escola tomem medidas proativas e garantam o sucesso de todos os alunos. Na Guatemala, onde quase 40 % dos alunos do sexto ano abandonam a escola antes do nono ano, o Ministério da Educação (MINEDUC) usou a analítica para criar um sistema eficaz de alerta precoce (Haimovich, Vazquez e Adelman 2021).

A analítica do MINEDUC foi possibilitada pelos avanços significativos que fez nos últimos anos para aprimorar seu sistema de informações de gestão educacional (SIGE) e aumentar a disponibilidade de dados sobre o aluno. Esses dados, que dizem respeito às famílias, à frequência e aos resultados dos testes, podem ser usados para identificar alunos em situação de risco. É importante ressaltar que o MINEDUC também introduziu identificadores exclusivos de alunos para todos os alunos do ensino fundamental e médio, o que permite acompanhar o progresso educacional dos alunos guatemaltecos ao longo do tempo (Montes 2022).

Em 2017, o governo da Guatemala, em colaboração com o Banco Mundial, desenvolveu a Estratégia Nacional para a Transição Bem-sucedida (ENTRE), um programa que se concentra na transição do ensino fundamental para o ensino médio. O ENTRE usou a analítica preditiva para desenvolver um sistema de alerta precoce para identificar os alunos em risco de abandonar a escola durante essa transição. O MINEDUC aproveitou os dados dos alunos de seu SIGE, modelos de regressão linear e um algoritmo simples para produzir uma lista de alunos em risco de evasão. Depois que esses alunos foram identificados, o MINEDUC forneceu aos diretores das escolas uma lista de alunos que deveriam receber apoio adicional e ofereceu treinamento adicional aos professores na prevenção da evasão escolar. Em sua fase piloto, o ENTRE foi implementado em 4.000 escolas públicas de ensino fundamental, representando 17 % das escolas de ensino fundamental da Guatemala.

O ENTRE reduziu a taxa de evasão na transição do ensino fundamental para o ensino médio em 9 % em seu primeiro ano, o que ressalta a eficácia do programa (Haimovich, Vazquez e Adelman 2021). Além disso, o ENTRE foi projetado para ser escalável, pois poderia ser implementado usando principalmente as estruturas de dados administrativos, os sistemas de gerenciamento e o pessoal existente do MINEDUC, com custos adicionais limitados.

O ENTRE ilustra como a analítica preditiva pode oferecer um método altamente econômico para a criação de um sistema de alerta precoce para evitar a evasão escolar e, desde então, o piloto foi expandido para um programa nacional (MINEDUC 2019). Ao investir na qualidade e na disponibilidade de dados administrativos, a Guatemala criou as condições propícias para a aplicação da analítica preditiva e, ao projetar e implementar um programa com a analítica de dados em mente, foi possível medir a eficácia do programa antes de ampliá-lo (Figura 3.3).

FIGURA 3.3 Usando a analítica preditiva para evitar a evasão escolar, Guatemala

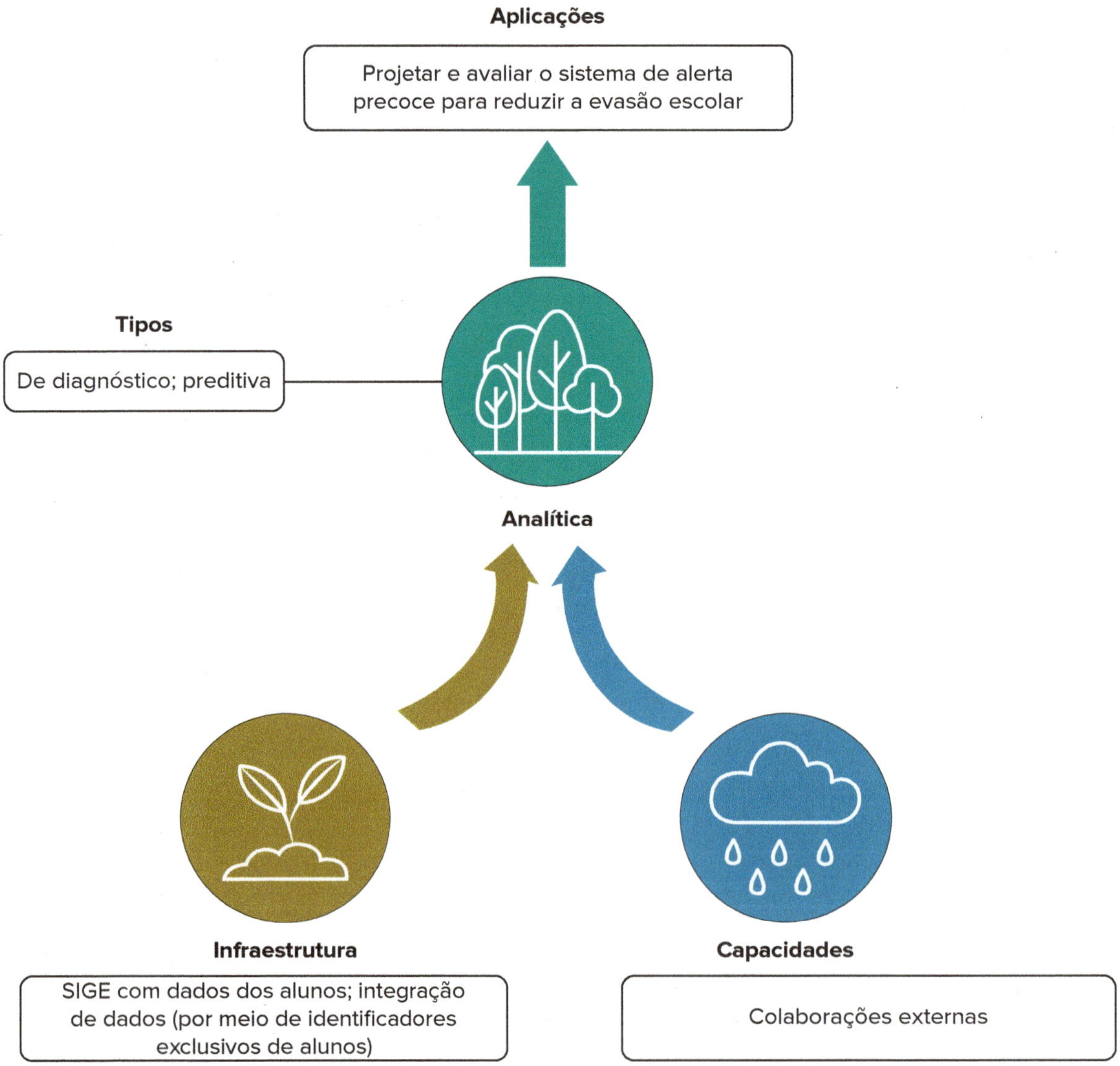

Fonte: Figura original para esta publicação.
Nota: SIGE - Sistema Integrado de Gestão de Educação.

ESTUDO DE CASO 3.7: USO DE DADOS FISCAIS PARA AUMENTAR A EFICIÊNCIA DAS AQUISIÇÕES (BRASIL)

As contratações públicas podem se tornar menos eficientes e menos competitivas devido à assimetria de informações entre os responsáveis pelas aquisições e os vendedores. Quando os responsáveis pelas compras não têm acesso a preços de referência de mercado precisos, seu poder de negociação é prejudicado, principalmente em relação a produtos com fornecedores limitados. Isso pode levar a preços de compra mais altos (Grennan e Swanson 2020). Para enfrentar esse desafio, a Secretaria da Fazenda do Estado do Rio Grande do Sul (SEFAZ/RS) no Brasil introduziu uma solução inovadora: um algoritmo de precificação que aproveita os dados de faturamento eletrônico das transações entre empresas locais para calcular os preços de referência de mercado para produtos farmacêuticos.

Para criar esse algoritmo, a SEFAZ/RS aproveitou os dados existentes que haviam sido integrados em repositórios de dados. Desde 2008, o Brasil exige que as empresas registradas que estão sujeitas ao imposto estadual sobre a circulação de mercadorias e serviços emitam notas fiscais digitais para suas transações. Com o tempo, essa transição para o faturamento digital produziu um grande conjunto de dados de transações. Embora esses dados de transações tenham sido coletados para fins de tributação, a SEFAZ/RS percebeu que eles também poderiam ser usados para calcular os preços de referência de mercado para produtos adquiridos. Se os responsáveis pelas contratações tivessem acesso a analíticas baseadas nesses dados reaproveitados, estariam mais bem posicionados para preparar documentos de licitação e negociar preços mais competitivos para os produtos.

A SEFAZ/RS desenvolveu um algoritmo para orientar a aquisição de produtos farmacêuticos. O algoritmo derivou preços de referência de mercado a partir de dados de transações em três etapas:

1. Identificação do produto vinculado a uma fatura digital específica
2. Discriminação do produto em unidades apropriadas para precificação
3. Cálculo do preço de referência por unidade.

Dessa forma, a SEFAZ/RS forneceu aos responsáveis por compras uma faixa de preço para produtos específicos, derivada da distribuição de transações anteriores entre empresas no banco de dados.

Quando os responsáveis pelas compras receberam preços de referência de mercado antes de definir os parâmetros da licitação, os preços de compra foram reduzidos (Martinez-Carrasco, Conceição e Dezolt 2023). Os produtos que tinham preços unitários iniciais altos, um número limitado de fornecedores e um número limitado de compradores públicos tiveram as reduções de preço mais substanciais. Em média, os preços finais desses produtos diminuíram em 13,2 %, resultando em uma economia de aproximadamente 4 % no gasto total anual médio com produtos farmacêuticos. Assim, o fornecimento de preços de referência de mercado aos responsáveis pelas compras parece ser uma forma eficaz de aumentar a eficiência do governo no Brasil.

O algoritmo de precificação da SEFAZ/RS demonstra como os dados podem ser utilizados para a analítica em funções governamentais. A SEFAZ/RS conduziu uma analítica preditiva que resultou em um produto analítico que ajuda os funcionários públicos a realizar seu trabalho com mais eficiência. Ao reaproveitar os dados fiscais, utilizar repositórios de dados integrados, colaborar com os funcionários públicos e com a comunidade, e integrar efetivamente a analítica ao processo de compra dos funcionários de aquisições, a SEFAZ/RS conseguiu estabelecer um programa de analíticas bem enraizado e com espaço para crescer.

ESTUDO DE CASO 3.8: MELHORIA DA EFICIÊNCIA DO GOVERNO POR MEIO DE UMA AGÊNCIA ANALÍTICA CENTRALIZADA (COLÔMBIA)

No final da década de 2010, Bogotá (Colômbia), embarcou em uma jornada para se transformar em uma "cidade inteligente" - uma cidade que é mais sustentável, habitável e eficiente para seus habitantes - adotando tecnologias inteligentes e analítica de dados. Orientado por essa visão, em 2020, o governo de Bogotá criou a Ágata, uma empresa de analítica de dados com poder de ação dentro do governo (Alcaldía Mayor de Bogotá, Colômbia 2020). A Ágata é constituída como uma sociedade anônima simplificada na qual diferentes organizações e empresas do governo municipal são parceiras. Como uma empresa de capital misto, ela financia suas próprias operações, diminuindo sua dependência de financiamento público e a vontade política predominante de avançar na analítica de dados.

A Ágata funciona como uma agência analítica centralizada para a cidade de Bogotá. Ela é responsável por gerar conhecimentos em vários sistemas de informação e funções governamentais para atender às necessidades das partes interessadas da cidade. Com uma equipe atual de 66 funcionários, a Ágata produz uma série de produtos analíticos usando analítica descritiva, de diagnóstico e preditiva, além de ferramentas de inteligência artificial. Seu modelo organizacional centralizado promove economias de escala, permitindo recrutar funcionários com habilidades analíticas especializadas e desenvolver uma equipe com uma visão holística da administração pública, dos desafios que ela enfrenta e dos dados disponíveis, reduzindo os silos de informações. Para o governo local, a agência tem como objetivo melhorar a tomada de decisões por meio da criação de produtos analíticos usando dados de várias organizações. Para os cidadãos, o objetivo é elevar a qualidade de vida, simplificar o acesso aos serviços públicos e promover a adoção e o uso de inovações digitais.

Desde a sua criação, o trabalho analítico da Ágata teve impacto em diversos setores, e a agência expandiu os recursos analíticos nos setores público e privado (Riaño e Delgado 2024). Por exemplo, a Ágata desempenhou um papel importante durante a pandemia da COVID-19, criando painéis para rastrear a disseminação do vírus pela cidade e monitorar as taxas de ocupação dos hospitais. Usando a analítica da Ágata, a cidade pôde acompanhar as mudanças na mobilidade da população, projetar intervenções direcionadas para impedir a propagação do vírus e garantir que o sistema de saúde pudesse gerenciar sua capacidade de forma eficaz. O trabalho da Ágata no setor de saúde continuou após a pandemia. Aproveitando os registros eletrônicos de saúde e a analítica preditiva, ela rastreia mulheres grávidas e recém-nascidos em tempo real para identificar riscos à saúde. Ao incentivar medidas preventivas de saúde, a analítica da Ágata pode salvar a vida de 870 recém-nascidos e 22 gestantes por ano.

Os projetos da Ágata também tiveram um impacto na gestão financeira pública. Por exemplo, a Ágata desenvolveu uma plataforma que oferece acesso imediato a dados abrangentes dos cidadãos, incluindo detalhes de contato e um registro de serviços fornecidos pela cidade (Riaño e Delgado 2024). Ao limpar, padronizar e integrar dados de diversas fontes, essa plataforma visa reduzir o tempo que as organizações governamentais precisam para preparar e usar os dados dos cidadãos. Ao garantir informações de contato atualizadas e referência cruzada dos registros de serviços e ajuda financeira a cada cidadão, a plataforma visa criar eficiências na alocação de recursos e reduzir irregularidades na prestação de serviços.

A menos que faça esforços proativos para compreender as necessidades das organizações governamentais, uma agência analítica centralizada pode ficar isolada da estrutura e das operações mais amplas da administração pública. Esse isolamento pode diminuir a produção e o uso de produtos analíticos ou torná-los menos relevantes e oportunos para a tomada de decisões. Para mitigar esse risco, a Ágata realiza workshops com vários agências para entender suas necessidades, avaliar como a analítica poderia atender a essas necessidades e determinar quais dados poderiam ser usados. Também organiza workshops com órgãos do governo nacional e outros governos locais para expandir seus serviços e promover a analítica em todo o setor público.

A Ágata ilustra como uma agência analítica centralizada, sustentada por diversas fontes de financiamento, pode impulsionar o processo analítico de todo o governo (figura 3.4). Ao atender às demandas de diferentes funções do governo, da saúde às finanças públicas, e ao permanecer sensível às necessidades dos formuladores de políticas, a Ágata desmantelou silos de informações, enriquecendo a perspectiva analítica do governo de Bogotá.

FIGURA 3.4 Melhoria da eficiência do governo por meio de uma agência analítica centralizada, Colômbia

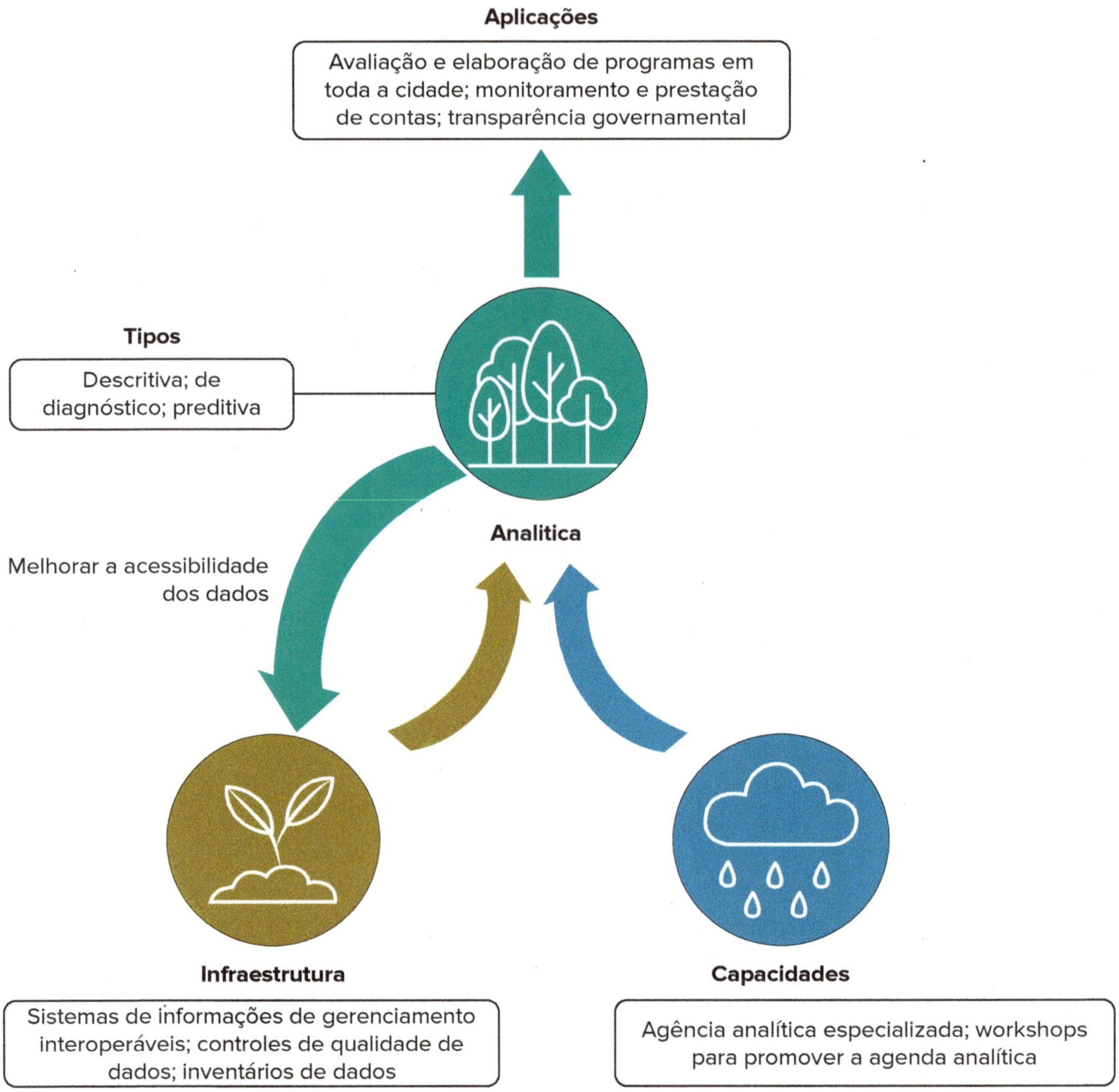

Fonte: Figura original para esta publicação.

ESTUDO DE CASO 3.9: ESTABELECIMENTO DE UMA AGÊNCIA ANALÍTICA DESCENTRALIZADA PARA MELHORAR A EFICIÊNCIA DA ARRECADAÇÃO DE IMPOSTOS (PERU)

A situação fiscal do Peru se deteriorou a partir de 2014, com a receita tributária diminuindo de 18,2 % do PIB (média 2005-14) para 16,4 % do PIB (média 2015-21). Esses níveis estão abaixo da média da América Latina e do Caribe (21,4%) e dos países membros da Organização para Cooperação e Desenvolvimento Econômico (33,5%) no mesmo período (2015-21).

Além dos fatores econômicos (como a queda nos preços da mineração e a desaceleração econômica nos principais parceiros comerciais), um fator que contribui para a redução foi a dificuldade enfrentada pela Superintendência Nacional de Alfândegas e de Administração Tributária (SUNAT) para identificar a evasão fiscal e a subnotificação de atividades tributáveis (Luján Taipe e Sánchez Castro 2022).

A SUNAT enfrentou desafios significativos em seu esforço para detectar a evasão fiscal e melhorar a declaração de impostos. Os processos tradicionais eram complexos e lentos, e os sistemas e bancos de dados precisavam de atualizações tecnológicas para atender às necessidades atuais. Para enfrentar esses desafios, desde 2019, a SUNAT iniciou uma transformação estratégica - incluindo a criação de uma agência analítica especializada - para entender e prever melhor o comportamento do contribuinte.

A aplicação da analítica de dados pela SUNAT faz parte de um conjunto mais amplo de reformas para digitalizar a arrecadação de receitas, melhorar a eficiência e promover uma abordagem mais amigável. A SUNAT aprimorou os serviços aos contribuintes, revisando e simplificando as respostas às suas consultas e simplificando o processamento de faturas eletrônicas para fornecer acesso oportuno aos dados transacionais (aumentando a conformidade tributária voluntária).

Também desenvolveu e automatizou seu SIGT, aplicando um conjunto de definições e especificações detalhadas para o cruzamento de informações usando fontes de informações importantes, como registros eletrônicos de compras, registros eletrônicos de vendas, recibos eletrônicos de pagamento e formulários fiscais. Essas reformas mais amplas possibilitaram a análise com base nos dados do SIGT.

Em 2019, a SUNAT criou uma agência analítica especializada para aprimorar o controle e a conformidade tributária e alfandegária. A unidade era composta por cinco cientistas de dados que desenvolveram analíticas para detectar evasão e otimizar auditorias usando dados do SIGT em combinação com fontes de dados externas. Entre os primeiros projetos desenvolvidos pela unidade para melhorar a conformidade fiscal estão os seguintes:

- Usando técnicas de big data, como raspagem da Web, a unidade desenvolveu um algoritmo para determinar se os vendedores de comércio eletrônico estavam registrados no cadastro de contribuintes e descobriu que 57 % não estavam. A SUNAT enviou uma mensagem de texto a esses vendedores, resultando no registro de 320 novos vendedores e em um aumento de cerca de US$ 1 milhão nas declarações de vendas.
- Usando a mineração de texto, a unidade desenvolveu um sistema de alerta automatizado para evitar que os contribuintes deduzissem despesas não relacionadas a seus negócios. A análise da unidade revelou que, em média, os contribuintes não registraram 64 de cada 100 faturas que o sistema de alerta havia sinalizado como despesas pessoais, protegendo-os de multas e auditorias.
- A unidade desenvolveu um modelo de segmentação de contribuintes para ajudar a SUNAT a concentrar suas estratégias de cobrança (Larios, Azuero e Rojas 2018; SUNAT 2019).

Desde 2019, a agência analítica continuou crescendo e desenvolvendo novas analíticas preditivas para ajudar a SUNAT a avaliar o risco de não conformidade tributária. Por exemplo, a unidade desenvolveu um modelo para determinar o risco de os contribuintes não terem capacidade operacional para realizar uma atividade econômica declarada, ajudando a evitar a geração de créditos fiscais indevidos ou despesas dedutíveis. Esse modelo gerou US$ 15 milhões, e a SUNAT programou verificações de capacidade operacional com 1.780 contribuintes sinalizados pelo modelo. A unidade também desenvolveu um modelo para otimizar a alocação dos recursos da SUNAT que identifica contribuintes de alto risco e atribui a eles um nível de prioridade com base na capacidade operacional da unidade e na probabilidade e impacto de não conformidade (SUNAT 2022). Esses modelos se tornaram componentes substanciais do gerenciamento de riscos na SUNAT.

A transformação estratégica da SUNAT demonstra o impacto que uma agência analítica especializada pode ter em uma organização, especialmente quando a analítica faz parte de uma estratégia de reforma mais ampla. Ao produzir analíticas estreitamente alinhadas com as necessidades operacionais, a agência analítica da SUNAT apoiou a transformação da agência e a sustentabilidade fiscal do Peru.

ESTUDO DE CASO 3.10: DATATHONS COMO UMA FERRAMENTA PARA PROMOVER A ANALÍTICA DE DADOS (VÁRIOS PAÍSES)

Nos últimos anos, os "datathons" se tornaram uma ferramenta importante na comunidade de ciência de dados para promover o uso da analítica e incentivar o compartilhamento de práticas recomendadas, ferramentas e histórias de sucesso. Esse tipo de evento ganhou força recentemente no setor público. Em um datathon do setor público, funcionários públicos e membros do público têm acesso a dados do governo, aprendem sobre uma questão de política relevante e colaboram para produzir analíticas que podem ser usadas para orientar a elaboração de políticas. Os participantes trabalham para descobrir padrões e tendências nos dados, demonstrando como a analítica pode ser usada para conceituar ou abordar problemas.

Os datathons do setor público podem beneficiar os governos muito além dos conhecimentos analíticos produzidos durante os eventos. Quando os datathons são abertos tanto para funcionários públicos quanto para a comunidade em geral, eles ajudam os governos a descobrir talentos analíticos, criando um pool de candidatos para recrutamento futuro. Os datathons também envolvem indivíduos com diversas habilidades para enfrentar desafios de políticas em um ambiente colaborativo e informal, o que pode promover o desenvolvimento de ideias inovadoras e incentivar os participantes a aplicar suas novas percepções em seus próprios locais de trabalho. Além disso, os datathons sinalizam um compromisso organizacional com a analítica, o que pode deixar os analistas de dados do setor público mais satisfeitos com seus empregos e melhorar a retenção.

Diversos países da América Latina e do Caribe adotaram datathons como estratégia para incentivar a experimentação analítica. Por exemplo, em 2022, o Serviço Nacional de Contratação Pública do Equador organizou um datathon, Interrompendo a Contratação Pública, para descobrir aplicações inovadoras de dados do sistema de contratações públicas (SERCOP 2022). O evento, que durou quatro dias, foi aberto a funcionários públicos e ao público em geral. Os participantes desenvolveram produtos analíticos, incluindo visualizações interativas e modelos estatísticos, para compreender os fatores que influenciam as compras locais, o papel das contratações públicas no estímulo à economia local e os setores que carecem de diversidade de gênero entre os fornecedores. Eles também criaram sistemas de alerta para identificar conflitos de interesse em contratações públicas.

Da mesma forma, em 2023, a Secretaria Executiva do Sistema Nacional Anticorrupção do México organizou um datathon com foco na aplicação de dados na luta contra a corrupção. Os participantes foram incentivados a desenvolver algoritmos usando dados de contratações eletrônicas para detectar padrões de comportamentos associados à má conduta administrativa entre funcionários públicos e organizações privadas, incluindo práticas de contratação impróprias, tráfico de influência e conluio em aquisições (SESNA 2023).

Enquanto isso, no Brasil, a Escola Nacional de Administração Pública (ENAP) organizou uma maratona de dados com foco no estudo das desigualdades raciais no serviço público. Aproveitando os dados do SIGRH, as equipes participantes estudaram as áreas das políticas públicas onde os servidores públicos negros trabalham, a dinâmica que afeta a nomeação de negros para cargos de liderança no serviço público e as principais barreiras ao acesso dos negros a cargos no serviço público (ENAP 2023).

Como mostram esses exemplos, os datathons representam uma ferramenta valiosa para promover o desenvolvimento de produtos analíticos em diferentes funções do governo. Elas oferecem uma plataforma por meio da qual tanto os funcionários públicos quanto os especialistas externos podem compartilhar e aprender as melhores práticas, cultivar talentos e desenvolver a identificação e o comprometimento organizacional. Os Datathons também destacam a importância da analítica governamental para identificar problemas na administração pública e propor soluções, demonstrando a necessidade de mais e melhores analíticas para aprimorar as políticas públicas.

ESTUDO DE CASO 3.11: O PODER DA INTEGRAÇÃO DE DADOS PARA FORTALECER A INTEGRIDADE DAS CONTRATAÇÕES PÚBLICAS (BRASIL)

A corrupção prejudica significativamente o desenvolvimento, e as contratações públicas são excepcionalmente vulneráveis, levando a um desperdício considerável de recursos públicos. Estima-se que a corrupção represente 8 % do valor global dos contratos de aquisição, atingindo cerca de US$ 880 bilhões perdidos anualmente (Bosio 2021), e os métodos atuais para detectar e investigar a corrupção em aquisições são insuficientes em relação à vasta escala do problema. As abordagens que dependem de análise manual, investigações de acompanhamento de denúncias específicas e evidências anedóticas são ineficientes, pois exigem muitos recursos humanos e financeiros. Mas os avanços na coleta de dados, digitalização e transparência no setor público abriram caminho para estratégias anticorrupção baseadas em dados. Nesse contexto, o Banco Mundial, em parceria com governos subnacionais no Brasil, desenvolveu o Sistema de Avaliação de Risco de Governança (GRAS). Essa ferramenta de ponta aproveita a analítica para detectar fraude, corrupção e conluio em contratações públicas. O GRAS usa algoritmos para identificar padrões de risco associados à fraude e à corrupção em contratações públicas, com foco nos fornecedores públicos, agências contratantes e atores individuais. Um pilar do GRAS é sua estrutura robusta de integração de dados, que agrega, vincula e analisa grandes volumes de dados de contratações públicas, incluindo microdados detalhados sobre empresas e indivíduos (World Bank 2023). Essa estrutura de integração facilita a identificação de padrões de risco que não poderiam ser identificados por meio da análise de um único conjunto de dados.

O GRAS abrange 60 sinais de alerta e examina os padrões de risco em quatro dimensões. A primeira dimensão se concentra no ciclo de aquisições, e o GRAS sinaliza os processos de licitação que não possuem anúncios públicos ou nos quais é apresentada uma única proposta. O segundo se concentra no conluio entre licitantes, como o que pode ocorrer quando os concorrentes têm um acionista comum ou seu comportamento sugere uma licitação coordenada. A terceira se concentra nas características do fornecedor, incluindo o registro em jurisdições de paraíso fiscal, lucratividade excepcionalmente alta e envolvimento em várias atividades econômicas. Por fim, a quarta dimensão se concentra nas conexões políticas dos fornecedores, como as implícitas em suas contribuições para campanhas eleitorais ou partidos políticos e por terem funcionários públicos ou políticos como acionistas.

Em 2022, o Banco Mundial realizou um piloto do GRAS nos estados de Mato Grosso e Rio de Janeiro e nos municípios de São Paulo e Porto Alegre. Durante o piloto, o GRAS identificou cerca de 800 empresas que haviam recebido contratos apesar de estarem sob sanções legais, cerca de 4.000 empresas que haviam recebido contratos apesar de pertencerem a funcionários públicos ou terem outras conexões políticas e cerca de 1.000 empresas que haviam vencido licitações contra concorrentes com um acionista em comum (Banco Mundial 2023). Durante o projeto-piloto, o GRAS também apoiou investigações de corrupção por parte do Ministério Público. Em um estado participante, as análises apoiadas pelo GRAS ajudaram a polícia federal a descobrir redes de empresas fantasmas e uma operação de lavagem de dinheiro (Banco Mundial 2023).

Essas descobertas ressaltam os riscos generalizados de corrupção e conflitos de interesse nas contratações públicas. O GRAS demonstra como a corrupção no setor público pode ser detectada e reduzida por meio da integração de dados do governo, da aplicação de analíticas descritivas e preditivas e da triangulação de dados, apresentando um modelo promissor para o uso da analítica a fim de promover a integridade e a transparência nas contratações públicas.

ESTUDO DE CASO 3.12: APOIO À IMPLEMENTAÇÃO DE ACORDOS-QUADRO POR MEIO DA ANALÍTICA DE DADOS (URUGUAI)

As contratações públicas abrangem diversas compras, e as melhores estratégias de compras variam de acordo com as diferentes categorias de produtos. Uma estratégia de compras é estabelecer *acordos-quadro*, acordos gerais que estabelecem os termos - incluindo preço, qualidade e quantidade - sob os quais as organizações de compras podem conceder contratos para um produto específico, produto a fornecedores pré-aprovados. Por exemplo, a unidade central de compras de um país pode estabelecer um acordo-quadro com uma empresa de tecnologia da informação para comprar computadores para toda a administração pública do país por cinco anos. Os acordos- quadro são estratégias de compra eficientes para produtos que representam baixos riscos de fornecimento e que são comprados em grandes quantidades e a través de muitas agências contratantes. A analítica pode ajudar a definir estratégias de compras eficientes para diferentes produtos, inclusive ajudando a preparar acordos-quadro.

Em 2019, uma revisão do Banco Mundial sobre os dados de contratações públicas do Uruguai identificou a consolidação de compras como a fonte potencial de economia mais significativa e apontou os acordos-quadro como o instrumento mais eficaz para implementar a estratégia necessária (Cocciolo, Samaddar e Fazekas 2023).[2] As regulamentações de aquisições no Uruguai já abrangiam o uso de acordos-quadro para bens e serviços comuns, tornando os acordos-quadros uma estratégia fácil de implementar sem mudanças nas leis e regulamentações. Em 2021, o Banco Mundial trabalhou com a Agência Reguladora de Contratações públicas do Uruguai e com a Unidade Centralizada de Aquisições do Ministério da Economia e Finanças para desenvolver a capacidade das organizações de gerar e gerenciar acordos-quadro e desenvolver acordos-quadro piloto para bens e serviços com maior potencial de economia (Cocciolo, Samaddar e Fazekas 2023).

Durante a fase de implementação desta revisão, a analítica foi útil para identificar itens que poderiam ser comprados por meio de acordos-quadro. Com o apoio do Banco Mundial, a agência desenvolveu um algoritmo que considera o volume total de compras de um produto por ano, o número de organizações compradoras que o adquirem e o número de compras e procedimentos de compras por ano. O algoritmo tem sido útil para identificar e dar prioridade a setores e produtos com maior potencial de ganhos de eficiência e para direcionar as próximas etapas na preparação de acordos-quadro (por exemplo, consolidação de compras e análise de mercado). A experiência do Uruguai demonstra o impacto da analítica descritiva e de diagnóstico na identificação de intervenções adequadas e no apoio ao seu projeto durante o estágio de implementação de um programa.

NOTAS

1. Mais informações sobre o padrão podem ser encontradas no site da Open Contracting Partnership em https://standard.open-contracting.org/latest/en/.
2. "Consolidação de compras" refere-se à prática de agrupar compras do mesmo produto ou serviço para reduzir a duplicação. As compras podem ser consolidadas em uma organização de compras ou entre organizações de compras, agregando compras fragmentadas em contratos maiores. O objetivo é aumentar a eficiência simplificando os processos de aquisição, reduzindo os custos processuais, estimulando a concorrência e explorando economias de escala.

REFERÊNCIAS

Alcaldía Mayor de Bogotá, Colombia. 2020. "Ágata, la nueva agencia analítica de datos que hará de Bogotá líder global en transparencia e inteligencia digital para sus ciudadanos." Noticias, December 14, 2020. https://www.sdp.gov.co/noticias/agata-la-nueva-agencia-analitica-de-datos-hara-de-bogota-lider-global-transparencia-e-inteligencia.

Boone, Claire E., Pablo Celhay, Paul Gertler, and Tadeja Gracner. 2023. "Encouraging Preventative Care to Manage Chronic Disease at Scale." NBER Working Paper 31643, National Bureau of Economic Research, Cambridge, MA. https://doi.org/10.3386/w31643.

Boone, Claire E., Pablo Celhay, Paul Gertler, Tadeja Gracner, and Josefina Rodriguez. 2022. "How Scheduling Systems with Automated Appointment Reminders Improve Health Clinic Efficiency." *Journal of Health Economics* 82: 102598. https://doi.org/10.1016/j.jhealeco.2022.102598.

Bosio, Erica. 2021. "Reducing Corruption in Public Procurement." *Let's Talk Development* (blog), August 17, 2021. https://blogs.worldbank.org/en/developmenttalk/reducing-corruption-public-procurement.

Brockmeyer, Anne. 2019. "Working with Administrative Tax Data: A How-to-Get-Started Guide." Macroeconomics, Trade & Investment (MTI) Practice Note 7, World Bank, Washington, DC. https://www.annebrockmeyer.com/uploads/1/2/1/4/121485108/mti_practice_note_on_admin_tax_data.pdf.

Carrillo, Paul, Dina Pomeranz, and Monica Singhal. 2017. "Dodging the Taxman: Firm Misreporting and Limits to Tax Enforcement." *American Economic Journal: Applied Economics* 9 (2): 144–64. https://doi.org/10.1257/app.20140495.

CNEP (Comisión Nacional de Evaluación y Productividad). 2022. *Eficiencia en la Gestión de Atención Primaria de Salud (APS)*. Santiago, Chile: Comisión Nacional de Evaluación y Productividad. https://cnep.cl/estudios-finalizados/eficiencia-en-gestion-de-atencion-primaria-de-la-salud/.

Cocciolo, Serena, Suxhmita Samaddar, and Mihaly Fazekas. 2023. "Government Analytics Using Procurement Data." In *The Government Analytics Handbook: Leveraging Data to Strengthen Public Administration*, edited by Daniel Rogger and Christian Schuster, chap. 12. Washington, DC: World Bank. https://doi.org/10.1596/978-1-4648-1957-5.

ENAP (Escola Nacional de Administração Pública). 2023. "DATATHON Desigualdades Raciais no Serviço Público." Notice 119/2023, Process 04600.002764/2023-26, Brasília, Brazil. https://repositorio.enap.gov.br/bitstream/1/7779/1/Edital%20Datathon%20Desigualdades%20Raciais.pdf.

Grennan, Matthew, and Ashley Swanson. 2020. "Transparency and Negotiated Prices: The Value of Information in Hospital-Supplier Bargaining." *Journal of Political Economy* 128 (4): 1234–68. https://doi.org/10.1086/705329.

Haimovich, Francisco, Emmanuel Vazquez, and Melissa Adelman. 2021. "Scalable Early Warning Systems for School Dropout Prevention: Evidence from a 4,000-School Randomized Controlled Trial." Policy Research Working Paper 9685, World Bank, Washington, DC. https://documents.worldbank.org/en/publication/documents-reports/documentdetail/983591622568486300/scalable-early-warning-systems-for-school-dropout-prevention-evidence-from-a-4-000-school-randomized-controlled-trial.

Larios, José, Rodrigo Azuero, and Agnes Rojas. 2018. "Utilizando big data para combatir la evasión." *Recaudando Bienestar* (blog), August 29, 2018. https://blogs.iadb.org/gestion-fiscal/es/utilizando-big-data-para-combatir-la-evasion/.

Luján Taipe, Jhonatan Erick, and Lucía Carmen Sánchez Castro. 2022. "Implementando la Transformación Digital en SUNAT: acercándonos al contribuyente." MBA thesis, Universidad de Piura. https://hdl.handle.net/11042/5525.

Margozzini, Paula, and Álvaro Passi. 2018. "Encuesta Nacional de Salud, ENS 2016–2017: Un aporte a la planificación sanitaria y políticas públicas en Chile." *Ars Medica: Revista de Ciencias Médicas* 43 (1): 30–34. https://doi.org/10.11565/arsmed.v43i1.1354.

Martinez-Carrasco, Jose, Otavia Conceição, and Ana Luzia Dezolt. 2023. "More Information, Lower Price? Access to Market-Based Reference Prices and Gains in Public Procurement Efficiency." Working Paper IDB-WP-1441, Inter-American Development Bank, Washington, DC. http://dx.doi.org/10.18235/0004794.

MINEDUC (Ministerio de Educación [de Guatemala]). 2019. *Guía para promover la transición exitosa de sexto primaria a primer grado del ciclo básico.* 2nd ed. Guatemala City: MINEDUC. https://cnbguatemala.org/wiki/Gu%C3%ADa_para_promover_la_transici%C3%B3n_exitosa_de_sexto_Primaria_a_primer_grado_del_Ciclo_B%C3%A1sico.

Montes, Nancy. 2022. *Usos de los sistemas de información en el planeamiento y gestión de políticas educativas en América Latina: Informe regional.* Buenos Aires, Argentina: Oficina para América Latina y el Caribe del Instituto Internacional de Planeamiento de la Educación de la Organización de las Naciones Unidas para la Educación, la Ciencia y la Cultura. https://unesdoc.unesco.org/ark:/48223/pf0000385439.locale=en.

ONSC (Oficina Nacional del Servicio Civil). 2022a. "Análisis de los concursos desiertos de la Administración Central, 2011–2022." Documento de Trabajo 03/2022. ONSC, Montevideo, Uruguay. https://www.gub.uy/oficina-nacional-servicio-civil/comunicacion/publicaciones/analisis-concursos-desiertos-administracion-central-2011-2022.

ONSC (Oficina Nacional del Servicio Civil). 2022b. "Avances en la Plataforma de Gestión Humana del Estado." Noticias, August 4, 2022. ONSC, Montevideo, Uruguay. https://www.gub.uy/oficina-nacional-servicio-civil/comunicacion/noticias/avances-plataforma-gestion-humana-del-estado.

ONSC (Oficina Nacional del Servicio Civil). 2022c. "Nueva Plataforma de Gestión Humana del Estado GHE.uy." ONSC tv. Streamed live on November 23, 2022. YouTube video, 1:05:25. https://www.youtube.com/watch?v=u51tU2mxR_E.

ONSC (Oficina Nacional del Servicio Civil). n.d. "Proyecto estratégico: Plataforma de Gestión Humana del Estado (ghe.uy)." Accessed February 28, 2024. https://www.gub.uy/oficina-nacional-servicio-civil/politicas-y-gestion/proyectos/plataforma-gestion-humana-del-estado-gheuy.

Pomeranz, Dina, and José Vila-Belda. 2019. "Taking State-Capacity Research to the Field: Insights from Collaborations with Tax Authorities." *Annual Review of Economics* 11: 755–81. https://doi.org/10.1146/annurev-economics-080218-030312.

reAcción Paraguay. 2023. "FOCO." Last modified February 19, 2023. https://foco.reaccion.org.py/.

reAcción Paraguay. n.d. "reAcción." Accessed July 17, 2024. https://reaccion.org.py/.

Riaño, Manuel, and Alejandro Delgado. 2024. *Yo, IA Innovación gubernamental: La era de la inteligencia artificial.* Barcelona: Bronce.

Riveros García, David. 2019. "Politics, Technology, and Accountability: The Transparency Façade of Open Government Data Reforms in Paraguay." *eJournal of eDemocracy and Open Government* (JeDEM) 11 (2): 60–93. https://doi.org/10.29379/jedem.v11i2.537.

SERCOP (Servicio Nacional de Contratación Pública). 2022. "Datatón–Rompiendo la Contratación Pública." SERCOP, Quito, Ecuador. https://dataton.compraspublicas.gob.ec/wp-content/uploads/2022/04/Metodologia-Evento-Dataton_vf-2.pdf.

SESNA (Secretaría Ejecutiva del Sistema Nacional Anticorrupción). 2023. "Datatón Anticorrupción 2023: Convocatoria." SESNA, Mexico City. https://dataton2023.plataformadigitalnacional.org/files/datatonanticorrupcion2023-basesv1_3.pdf.

SUNAT (Superintendencia Nacional de Aduanas y de Administración Tributaria). 2019. "Memoria Anual 2019: Resumen Ejecutivo." SUNAT, Lima, Peru. https://www.sunat.gob.pe/cuentassunat/planestrategico/memoria/ejecutiva/memoriaEje-2019.pdf.

SUNAT (Superintendencia Nacional de Aduanas y de Administración Tributaria). 2022. *Memoria Institucional 2022.* Lima, Peru: SUNAT. https://www.sunat.gob.pe/cuentassunat/planestrategico/memoria/memoria2022.pdf.

UCD (Unidad de Científicos de Datos). 2019. "Dirección de Desarrollo Digital." Departamento Nacional de Planeación, Bogotá, Colombia. https://colaboracion.dnp.gov.co/CDT/Desarrollo%20Digital/UCD/Proyectos/2019_24_Brecha_salarial/Brecha_salarial_Informe.pdf.

World Bank. 2018. "Paraguay: Systematic Country Diagnostic." World Bank, Washington, DC. https://documents1.worldbank.org/curated/en/827731530819395899/pdf/Paraguay-SCD-06292018.pdf.

World Bank. 2023. *Governance Risk Assessment System (GRAS): Advanced Data Analytics for Detecting Fraud, Corruption, and Collusion in Public Expenditures.* Equitable Growth, Finance and Institutions Insight—Governance. Washington, DC: World Bank. https://openknowledge.worldbank.org/handle/10986/40640.

CAPÍTULO 4

Uma avaliação regional da analítica governamental na América Latina e no Caribe

INTRODUÇÃO

Este capítulo oferece uma avaliação abrangente da analítica governamental e suas condições favoráveis na América Latina e no Caribe, com base nos dados de uma pesquisa original realizada em 20 países (mapa 4.1). Em cada país, foram entrevistados funcionários públicos especialistas em funções governamentais essenciais e em seus respectivos sistemas de informações gerenciais (MIS), o que possibilitou avaliar como diferentes tipos de dados administrativos são usados para enfrentar os desafios da formulação de políticas. Por esse motivo, a maior parte da análise é apresentada no nível do sistema de informações.[1] A pesquisa teve como alvo os MIS associados às principais funções do governo: educação (Sistema Integrado de Gestão de Educação, ou SIGE), saúde (sistema de informações de gerenciamento da saúde, ou SIGS), recursos humanos (sistema de informações de gerenciamento de recursos humanos, ou SIGRH), aquisições (e-Procurement), finanças públicas (sistema de informações de gestão financeira pública, ou SIGF) e tributação (sistema de informações de gerenciamento fiscal, ou SIGT). Também foram coletados dados no âmbito nacional sobre iniciativas governamentais para cultivar as capacidades analíticas dos funcionários públicos. Os dados são analisados de acordo com a estrutura conceitual apresentada no capítulo 2: primeiro, o capítulo descreve como é a analítica governamental na região e, em seguida, analisa capacidades organizacionais e individuais dos governos, bem como suas infraestruturas de dados.

A avaliação regional destaca as maneiras pelas quais os governos da América Latina e do Caribe já estão aproveitando os dados administrativos para a analítica, bem como

Um pacote de reprodução está disponível para este livro no Reproducible Research Repository em https://reproducibility.worldbank.org/index.php/catalog/209.

MAPA 4.1 Países da América Latina e do Caribe que participaram da pesquisa

Fonte: Mapa original para esta publicação.

as áreas de políticas em que a analítica pode ajudar a enfrentar outros desafios. Ela mostra que os governos da região usam predominantemente dados administrativos para produzir analíticas descritivas para fins operacionais e transacionais, como monitoramento e prestação de contas. Isso significa que os governos estão perdendo oportunidades de usar a analítica avançada para melhorar a tomada de decisões, elaborar políticas públicas mais eficazes e eficientes e fortalecer o funcionamento do setor público e a prestação de serviços.

O fortalecimento das condições favoráveis para a analítica governamental é fundamental para capitalizar essas oportunidades. Por enquanto, os governos da América Latina e do Caribe enfrentam desafios significativos para desenvolver capacidades analíticas nas organizações governamentais. Embora reconheçam a importância das habilidades analíticas e, em alguns casos, ofereçam programas de treinamento em analítica, os governos não possuem carreiras estruturadas para analistas de dados nem avaliações de proficiência em analítica de dados para funcionários públicos, nem financiamento para projetos analíticos, nem de uma estratégia geral para que a administração pública passe a elaborar políticas baseadas em evidências. Mas alguns governos também estão buscando duas estratégias promissoras para lidar com as capacidades analíticas limitadas: colaborar com organizações acadêmicas ou internacionais e estabelecer agências analíticas especializadas.

Os governos da região também enfrentam desafios de infraestrutura de dados que os impedem de liberar totalmente o potencial transformador dos MIS digitais e de catalisar o valor dos investimentos que já fizeram. Como demonstram os estudos de caso no capítulo 3, a analítica pode ter o maior impacto na elaboração de políticas quando os dados governamentais de diferentes fontes são combinados. Apesar do progresso alcançado na digitalização, muitos governos da região ainda enfrentam MIS limitados em termos de abrangência e funcionalidade dos dados, sistemas fragmentados, protocolos informais de acesso a dados e medidas limitadas de controle de qualidade. Os governos precisam melhorar a funcionalidade, a interoperabilidade e a qualidade dos dados dos MIS para que esses sistemas possam apoiar melhor a tomada de decisões informadas. Por fim, a avaliação regional revela que a analítica, os recursos e a infraestrutura variam significativamente, não apenas entre os países, mas também entre as funções do governo, o que sugere que os governos não têm uma abordagem sistemática para a analítica de toda a administração pública.

Embora os produtos analíticos tenham o maior impacto quando respondem a necessidades políticas específicas, os governos podem evitar esforços fragmentados e duplicados desenvolvendo ecossistemas de capacitação para a analítica em todo o governo. Como mostram os resultados da pesquisa, esse tipo de abordagem é especialmente necessário para garantir a interoperabilidade dos MIS, desenvolver capacidades analíticas e criar uma cultura para a tomada de decisão baseada em evidências na administração pública. Ao detalhar como os diferentes elementos da estrutura conceitual variam entre os MIS, este capítulo oferece evidências para ajudar os governos a identificar oportunidades e pontos fracos e determinar como desenvolver ecossistemas favoráveis em suas administrações.

> **“ Ao longo deste capítulo, as vozes dos servidores públicos especialistas que foram pesquisados são destacadas em balões azuis como este.**

METODOLOGIA DE PESQUISA

Conforme observado anteriormente, a Pesquisa da Analítica Governamental na América Latina e no Caribe foi realizada em 20 países. Ela consistiu em sete questionários (apresentados no apêndice D on-line). Seis questionários individuais no âmbito dos MIS focados separadamente em cada tipo de MIS (SIGE, SIGS, SIGRH, e-Procurement, SIGF e SIGT). Um questionário adicional no âmbito nacional, o “questionário de capacidades”, concentrou-se nas iniciativas governamentais para cultivar as capacidades analíticas dos funcionários públicos. Mais de 100 funcionários do governo responderam aos questionários, fornecendo percepções com base em suas áreas específicas de especialização.

O questionário sobre capacidades foi normalmente preenchido pela agência governamental digital do país (*n* = 16 países). Os questionários MIS foram preenchidos por diferentes organizações do setor público, dependendo da função governamental envolvida. O questionário SIGE foi normalmente preenchido pelo ministério da educação do país (*n* = 13 países), o questionário e- Procurement pela agência de aquisições do país (n = 11 países), o questionário SIGS pelo ministério de saúde (n = 14 países) e o questionário SIGRH pelo ministério do serviço público (n = 14 países), o questionário SIGF pelo ministério das finanças ou da economia (n = 16 países) e o questionário SIGT pela autoridade fiscal do governo (n = 17 países). Para obter mais informações sobre a metodologia da pesquisa, consulte o apêndice A.

COMO É A ANALÍTICA GOVERNAMENTAL NA AMÉRICA LATINA E NO CARIBE?

Que tipos de analítica os governos realizam?

Os governos da América Latina e do Caribe usam principalmente dados administrativos para analítica descritiva. Na região, 96 % dos MIS são usados para a analítica descritiva, e essa tendência é consistente em todas as funções governamentais consideradas na pesquisa (figura 4.1). Conforme observado na estrutura conceitual do capítulo 2, a analítica descritiva permite que as organizações governamentais compreendam o estado atual

FIGURA 4.1 Tipos de analítica, por tipo de MIS

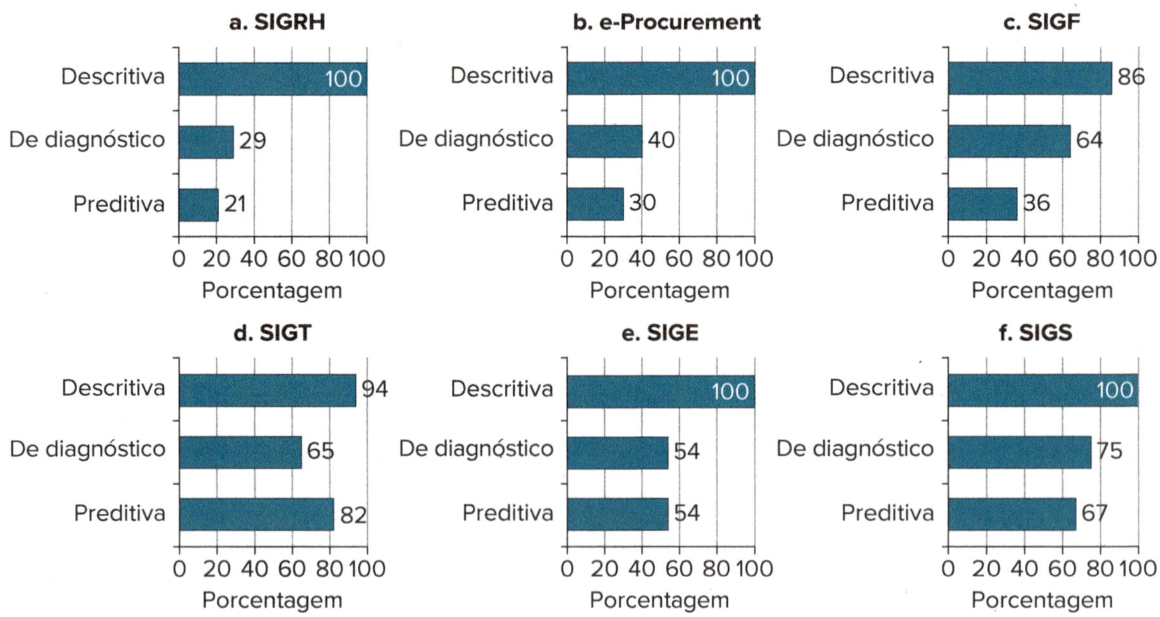

Fonte: Government Analytics Survey in Latin America and the Caribbean.
Nota: a figura mostra, por tipo de MIS, a proporção de sistemas na região usados para cada tipo de análise. Os resultados para cada tipo de MIS não totalizam 100% porque a pergunta permitia várias respostas. N = 85 MIS de países, distribuídos da seguinte forma: Questionário SIGE (n = 13 países); Questionário e-Procurement (n = 11 países); questionário SIGS (n = 14 países); questionário SIGRH (n = 14 países); questionário SIGF (n = 16 países); questionário SIGT (n = 17 países). SIGE = sistema de informações de gerenciamento educacional; e-Procurement = sistema de informações de gerenciamento de aquisições; SIGS = Sistema Integrado de Gestão de Saúde; SIGRH = Sistema Integrado de Gestão de Recursos Humanos; MIS = sistema de informações de gerenciamento; SIGF = Sistema Integrado de Gestão Financeira; SIGT = Sistema Integrado de Gestão Tributária.

de suas operações e resumir os dados para rastreamento e geração de relatórios. A analítica de diagnóstico é o segundo tipo de analítica mais usado (55 % dos MIS) na região, e a analítica preditiva é empregada com um pouco menos de frequência (50 % dos MIS).

> **"Esforços estão sendo feitos para incorporar modelos preditivos na área da saúde; no entanto, o principal problema é que não existem sistemas para gerar esses modelos."**
>
> **– Especialista em SIGS**

Os tipos de analíticas que os governos realizam variam de acordo com os MIS e os países. A analítica descritiva é a mais comum, conforme ilustrado na Figura 4.2. A analítica de diagnóstico isolada é a menos comum: somente em um país o SIGF é usado apenas para analítica de diagnóstico. Em vários países são usados dados dos SIGT, SIGE e SIGS para tipos mais complexos de analítica (combinações de análise descritiva, diagnóstica e preditiva), o que sugere uma abordagem mais sofisticada da analítica nessas funções governamentais. Por exemplo, a analítica preditiva geralmente se baseia em dados fiscais (principalmente para gerar previsões de receita fiscal) e dados de saúde (por exemplo, para prever a probabilidade de propagação de doenças e apoiar o planejamento de campanhas de prevenção). Por outro lado, os dados dos SIGRH, são usados principalmente para analíticas descritivas menos complexas.

FIGURA 4.2 Tipos de analítica, por país e tipo de MIS

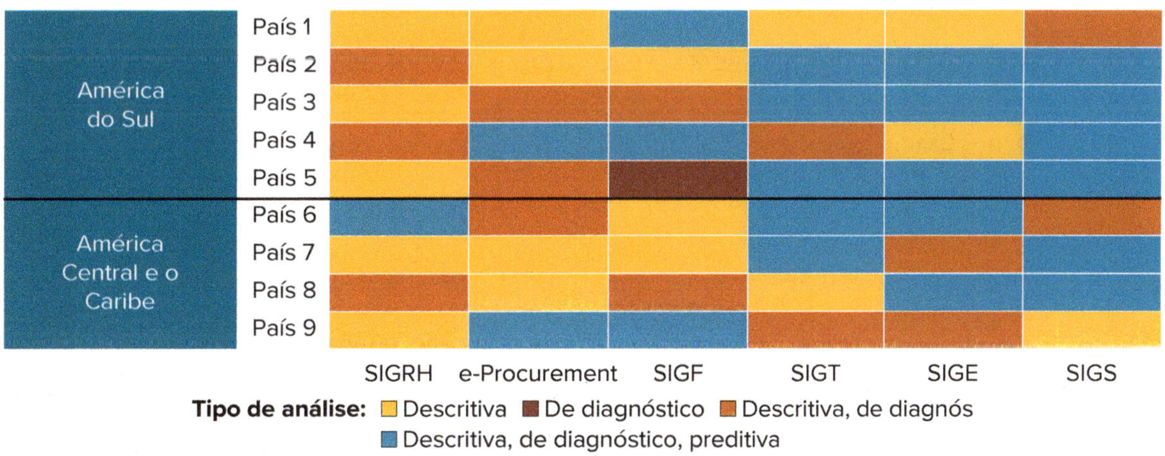

Fonte: Government Analytics Survey in Latin America and the Caribbean.
Nota: A figura mostra os tipos de analíticas realizadas nos MIS e nos países da região. Os dados apresentados incluem apenas os países que responderam aos seis questionários do MIS. *N* = 54 países-MIS. SIGE = Sistema Integrado de Gestão de Educação; e-Procurement = sistema de informações de gerenciamento de aquisições; SIGS = Sistema Integrado de Gestão de Saúde; SIGRH = Sistema Integrado de Gestão de Recursos Humanos; MIS = sistema de informações de gerenciamento; SIGF = Sistema Integrado de Gestão Financeira; SIGT = Sistema Integrado de Gestão Tributária.

Esses padrões sugerem que os governos da região ainda não usam seus dados administrativos e ferramentas analíticas em todo o seu potencial. Mais medidas podem ser tomadas para usar os dados administrativos, especialmente os dos SIGRH, SIGF e sistemas de aquisições, para aplicações estratégicas baseadas em analíticas de diagnóstico e preditivas: por exemplo, para identificar as causas fundamentais das falhas de desempenho, apoiar a previsão e orientar a elaboração de políticas.

Assim como nem todos os MIS são usados para todos os tipos de analítica, nem todos os elementos de dados dentro dos MIS são usados da mesma forma. Embora a maioria dos dados disponíveis em cada tipo de MIS pareçam ser usados para algum tipo de analítica, os elementos de dados específicos que são usados variam e surgem padrões diferentes em cada tipo de MIS (figura 4.3). Por exemplo, nos SIGRH, os dados sobre o status de emprego e as características do pessoal são amplamente utilizados para analítica.

"Embora abordemos os seis elementos de dados descritos, é preciso esclarecer que eles são encontrados em sistemas diferentes."
– Especialista em SIGE

Os dados sobre as habilidades e talentos dos funcionários e sobre suas atitudes e motivações são comparativamente subutilizados (50 % e 7 % dos HRMISs, respectivamente). Da mesma forma, nos sistemas de e-Procurement, enquanto os dados sobre preços de contratos são amplamente utilizados (100% dos sistemas de aquisições). Nos PFMISs, os dados sobre ativos estatais são altamente subutilizados para analítica (36 % dos PFMISs), enquanto as informações sobre receita e os dados orçamentários são amplamente utilizados (100 % e 93 % dos PFMISs, respectivamente). Por fim, nos EdMISs, os dados curriculares e os registros acadêmicos dos alunos são os menos usados para a analítica (46 % e 77 % dos EdMISs, respectivamente).

Por que os governos usam mais alguns elementos de dados administrativos para analítica do que outros? Essa tendência aponta para limitações nas condições que possibilitam a analítica governamental. Os elementos de dados podem não estar prontamente acessíveis devido ao compartilhamento limitado de dados entre as organizações governamentais e à fraca interoperabilidade entre os sistemas de informação. Mesmo que os elementos de dados estejam acessíveis, as limitações de infraestrutura podem restringir seu uso. Por exemplo, os dados de recursos humanos sobre as atitudes e motivações dos funcionários geralmente vêm de pesquisas com servidores públicos, que muitas vezes não são integradas aos SIGRH de forma mais ampla. Da mesma forma, os dados de reclamações geralmente não são integrados aos sistemas padrão de e-Procurement e, em vez disso, exigem a integração com um banco de dados de reclamações separado. Esses desafios são descritos mais detalhadamente na discussão sobre a infraestrutura de dados, mais adiante neste capítulo.

FIGURA 4.3 Elementos de dados usados para a analítica, por tipo de MIS

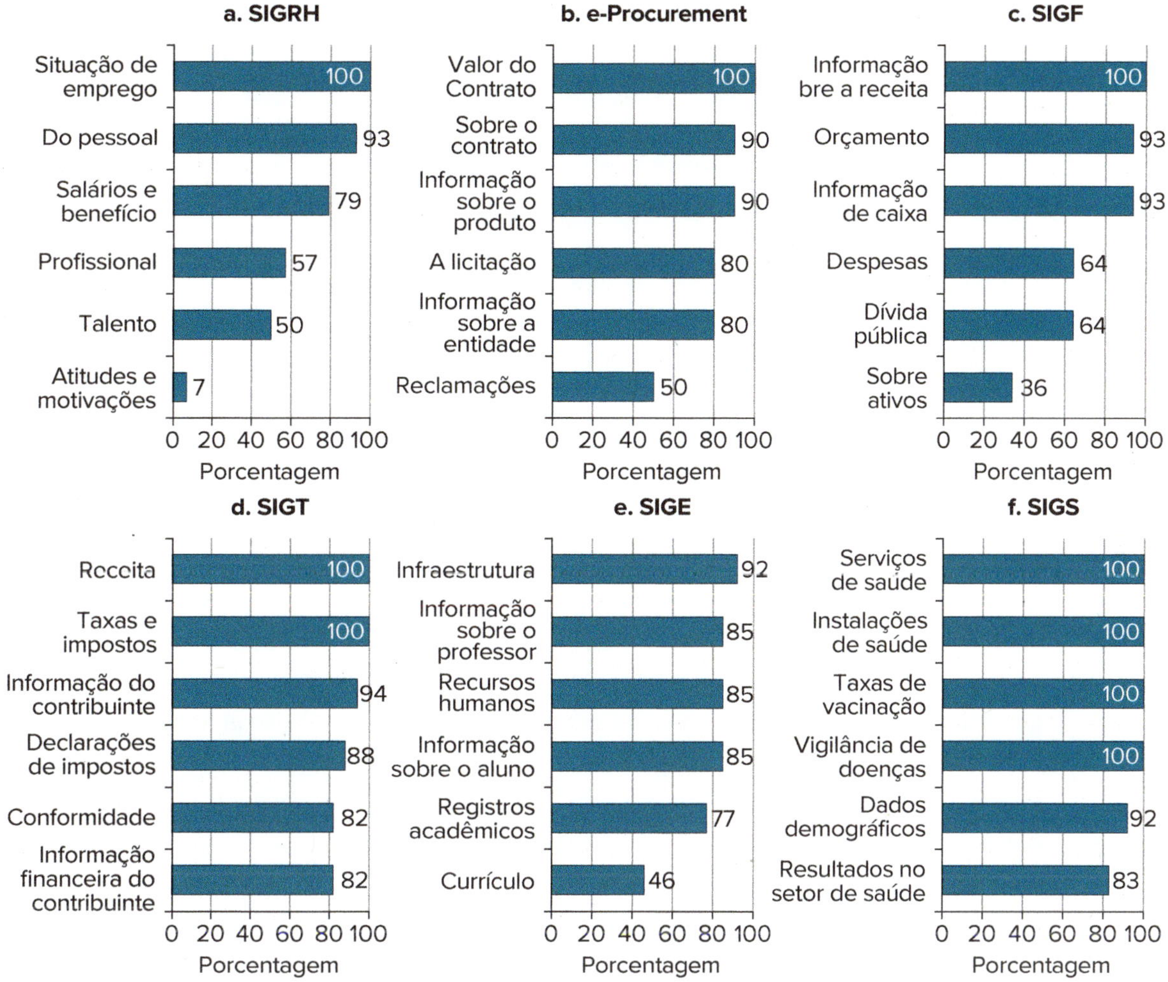

Fonte: Government Analytics Survey in Latin America and the Caribbean.
Nota: A figura mostra, por tipo de MIS, a proporção de sistemas na região que usa cada tipo de elemento de dados para a analítica. Os dados apresentados incluem apenas países com os elementos de dados especificados em seus MIS. Os resultados para cada tipo de MIS não totalizam 100 % porque a pergunta permitia respostas múltiplas. *N* = 85 países-MIS, distribuídos da seguinte forma: Questionário SIGE (*n* = 13 países); questionário e-Procurement (*n* = 11 países); questionário SIGS (*n* = 14 países); questionário SIGRH (*n* = 14 países); questionário SIGF (*n* = 16 países); questionário SIGT (*n* = 17 países). SIGE = Sistema Integrado de Gestão de Educação; e-Procurement = sistema de informações de gerenciamento de aquisições; SIGS = Sistema Integrado de Gestão de Saúde; SIGRH = Sistema Integrado de Gestão de Recursos Humanos; MIS = sistema de informações de gerenciamento; SIGF = Sistema Integrado de Gestão Financeira; SIGT = Sistema Integrado de Gestão Tributária.

Como os governos aplicam a analítica?

As organizações governamentais da América Latina e do Caribe usam principalmente produtos analíticos baseados em dados administrativos para monitoramento e prestação de contas e para aumentar a transparência do governo para os cidadãos. Mais de 93 % dos entrevistados da pesquisa identificaram o monitoramento como a principal aplicação da analítica, 81 % identificaram a transparência do cidadão e 79 % mencionaram a prestação de contas (Figura 4.4). Esses resultados estão alinhados com a adoção generalizada de painéis de controle e iniciativas de dados abertos em toda a região.

FIGURA 4.4 Aplicações de produtos analíticos

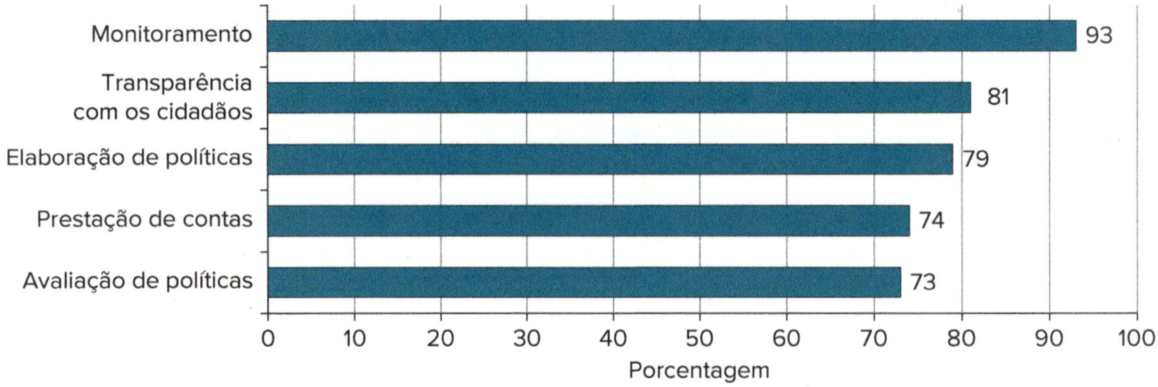

Fonte: Government Analytics Survey in Latin America and the Caribbean.
Nota: A figura mostra a proporção de MIS na região que são usados para cada aplicação. Os resultados não totalizam 100 % porque a pergunta permitia respostas múltiplas. *N* = 85 países-MIS. MIS = sistemas de informações gerenciais.

Os governos da região usam a analítica de dados administrativos com menos frequência para avaliação e elaboração de políticas; no entanto, para algumas funções governamentais, essa diferença não é substancial (figura 4.5). O uso generalizado da analítica para monitoramento e prestação de contas representa um primeiro passo louvável em direção a uma administração pública mais responsável. Da mesma forma, o uso mais limitado da analítica para a avaliação e elaboração de políticas representa uma oportunidade de usar dados administrativos de forma mais estratégica para melhorar o funcionamento do governo, expandindo o escopo dessas aplicações analíticas.

Como a analítica governamental é distribuída?

Conforme observado na estrutura conceitual do capítulo 2, a produção de analítica pode ser ad hoc, burocrática ou estratégica. A maioria dos entrevistados da pesquisa descreveu a produção de analítica em suas organizações como estratégica, o que significa que suas organizações produzem analíticas continuamente em resposta a um plano estratégico geral. Os produtos analíticos resultantes geralmente assumem a forma de painéis de dados para fins de controle. Entretanto, nem toda a produção de analítica de MIS segue esse padrão. A produção analítica de SIGRH é principalmente burocrática, refletindo o foco na conformidade regulamentar em vez de conhecimentos estratégicos (Figura 4.6).

FIGURA 4.5 Aplicações de produtos analíticos, por tipo de MIS

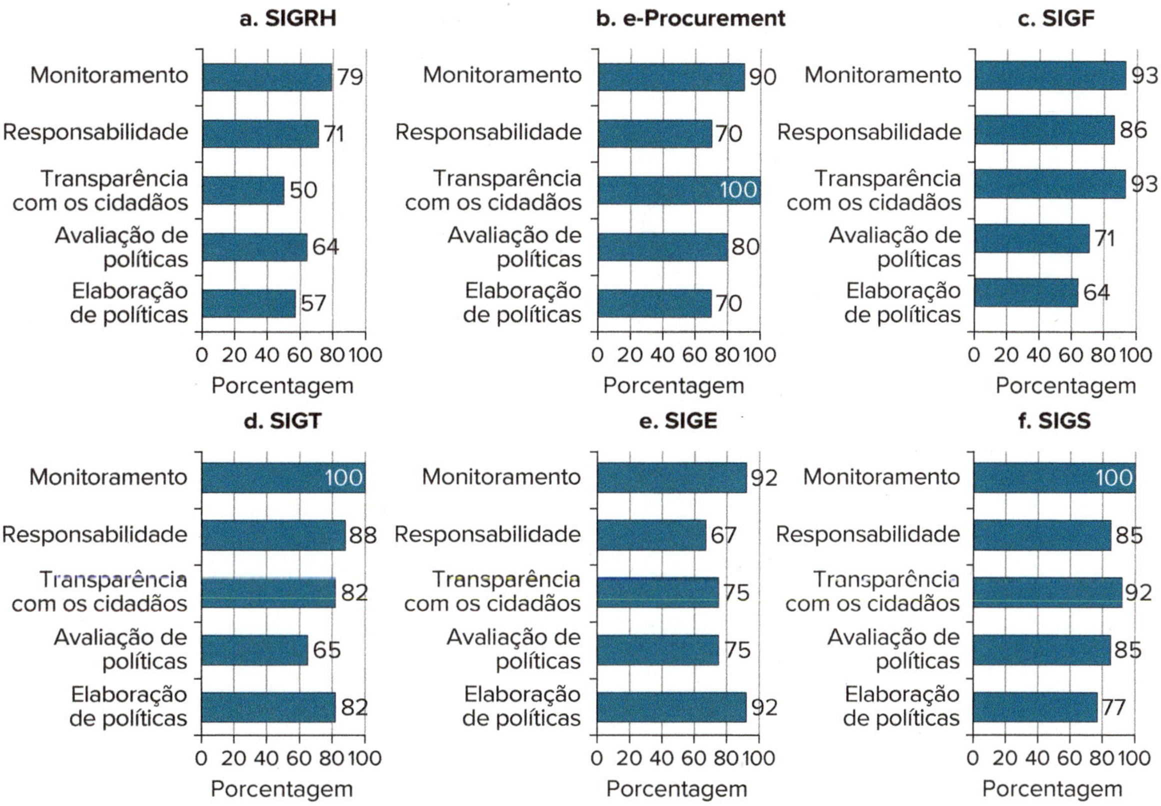

Fonte: Government Analytics Survey in Latin America and the Caribbean.
Nota: A figura mostra, por tipo de MIS, a proporção de sistemas na região que são usados para cada aplicativo. Os resultados para cada tipo de MIS não totalizam 100 % porque a pergunta permitia respostas múltiplas. *N* = 85 MIS de países, distribuídos da seguinte forma: Questionário SIGE (*n* = 13 países); questionário e-Procurement (*n* = 11 países); questionário SIGS (*n* = 14 países); questionário SIGRH (*n* = 14 países); questionário SIGF (*n* = 16 países); questionário SIGT (*n* = 17 países). SIGE = Sistema Integrado de Gestão de Educação; e-Procurement = sistema de informações de gerenciamento de aquisições; SIGS = Sistema Integrado de Gestão de Saúde; SIGRH = Sistema Integrado de Gestão de Recursos Humanos; MIS = sistema de informações de gerenciamento; SIGF = Sistema Integrado de Gestão Financeira; SIGT = Sistema Integrado de Gestão Tributária.

FIGURA 4.6 Tipos de produção analítica, por tipo de MIS

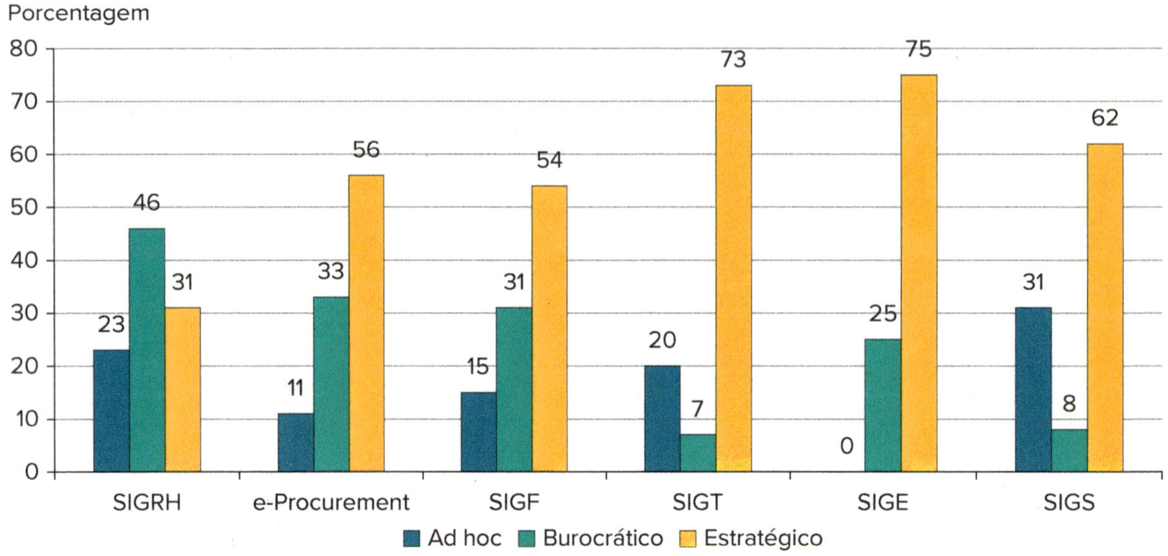

Fonte: Pesquisa de Analítica governamental na América Latina e no Caribe.
Nota: A figura mostra, por tipo de MIS, a proporção de sistemas na região que produzem produtos analíticos de forma ad hoc, burocrática ou estratégica. *N* = 85 países-MISs, distribuídos da seguinte forma: Questionário SIGE (*n* = 13 países); questionário e-Procurement (*n* = 11 países); questionário SIGS (*n* = 14 países); questionário SIGRH (*n* = 14 países); questionário SIGF (*n* = 16 países); questionário SIGT (*n* = 17 países). SIGE = Sistema Integrado de Gestão de Educação; e-Procurement = sistema de informações de gerenciamento de aquisições; SIGS = Sistema Integrado de Gestão de Saúde; SIGRH = sistema de informações de gerenciamento de recursos humanos; MIS = sistema de informações de gestão; SIGF = Sistema Integrado de Gestão Financeira; SIGT = Sistema Integrado de Gestão Tributária.

QUAIS CAPACIDADES ANALÍTICAS OS GOVERNOS DA REGIÃO POSSUEM?

Conforme descrito na estrutura conceitual do capítulo 2, as capacidades analíticas - incluindo pessoal adequado, desenvolvimento de carreiras e habilidades e oportunidades de financiamento - são uma condição essencial para a analítica governamental. Os resultados da pesquisa sugerem que os governos da América Latina e do Caribe têm muito espaço para desenvolver suas capacidades analíticas.

Os governos da região enfrentam uma escassez de oportunidades estruturadas de desenvolvimento de carreira em analítica, que são essenciais para atrair e reter analistas de dados qualificados no setor público. Apenas 12 % dos governos têm um plano de carreira específico para analistas de dados (Figura 4.7). Por esse motivo, muitos projetos de MIS digital na região sofrem uma perda progressiva de recursos humanos para outros projetos que oferecem melhores perspectivas de carreira ou salários mais altos (Porrúa et al. 2021). Quando os governos não têm incentivos de carreira para os analistas de dados, eles podem prejudicar significativamente os investimentos que fizeram no recrutamento e treinamento desse pessoal qualificado (OCDE, 2014).

FIGURA 4.7 Plano de carreira, treinamento e avaliações sobre analítica

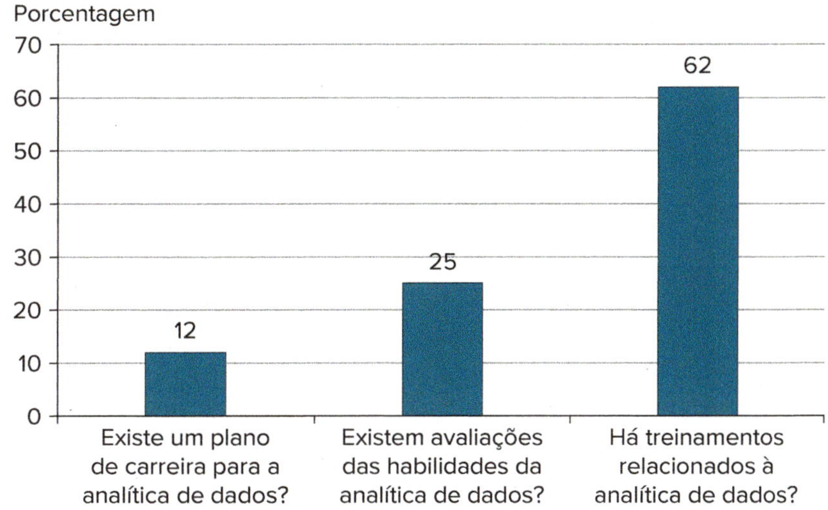

Fonte: Government Analytics Survey in Latin America and the Caribbean.
Nota: A figura mostra a proporção de países pesquisados na América Latina e no Caribe para os quais a resposta a cada pergunta é sim. *n*= 16 países.

Os governos da América Latina e do Caribe também oferecem poucas opções para a avaliação de capacidade e treinamento em analítica de dados (Figura 4.7), e as opções que existem não estão estreitamente integradas a um plano estratégico ou programa de trabalho sobre analítica governamental. Dos países pesquisados, 62 % informaram que oferecem programas de treinamento para fortalecer as capacidades analíticas da força de trabalho do setor público. A variedade dessas opções de treinamento é ampla, abrangendo diferentes formatos, durações, conteúdo e objetivos. No entanto, apenas 25 % dos países pesquisados avaliam a proficiência de suas equipes em analítica de dados. Além disso, os especialistas em governo digital pesquisados descreveram os programas de treinamento existentes como esporádicos e, às vezes, como desprovidos de uma estrutura coesa e de um caminho claro para a aplicação das habilidades recém-adquiridas nos programas de trabalho existentes. Para serem eficazes, os programas de capacitação devem ser projetados com base em em uma avaliação das habilidades analíticas que já existem na força de trabalho do setor público em relação às necessidades de médio e longo prazo de especialização analítica. Os governos que não avaliam as habilidades que os funcionários públicos têm e as comparam com as metas estratégicas correm o risco de oferecer treinamento que não reflete as habilidades de que os funcionários públicos precisam.

> **"Existem cargos de analista de dados em toda a administração, mas não há uma progressão de carreira especificamente projetada para essas funções."**
> **– Especialista em governo digital**

Como esses resultados mostram, os governos da região precisam de esforços mais estruturados para cultivar o conhecimento analítico nas organizações governamentais, bem como de uma abordagem mais estratégica para estabelecer a produção analítica como um fluxo de trabalho essencial na administração pública. As organizações precisam de financiamento estável e dedicado para produzir produtos analíticos, estabelecer fluxos de trabalho que conectem estreitamente as necessidades políticas à produção analítica e desenvolver capacidades analíticas nas organizações governamentais. No entanto, muitas organizações enfrentam desafios significativos para garantir um financiamento consistente para iniciativas analíticas, pois os recursos são limitados e as prioridades costumam mudar rapidamente. O financiamento da analítica deve ser equilibrado em relação às necessidades concorrentes no orçamento geral do governo.

Para atenuar esses desafios, as organizações devem garantir o financiamento da analítica por meio de uma análise cuidadosa, planejamento estratégico e uma visão de longo prazo. Apenas 33 % dos especialistas pesquisados informaram que seus governos oferecem oportunidades de financiamento interno para iniciativas analíticas. Conforme ilustra a Figura 4.8, as oportunidades de financiamento interno parecem mais difundidas para projetos analíticos relacionados à educação e à saúde (46 % e 43 % dos MIS, respectivamente).

FIGURA 4.8 Oportunidades de financiamento interno e colaboração com acadêmicos, organizações sem fins lucrativos ou organizações multilaterais em projetos de analítica, por tipo de MIS

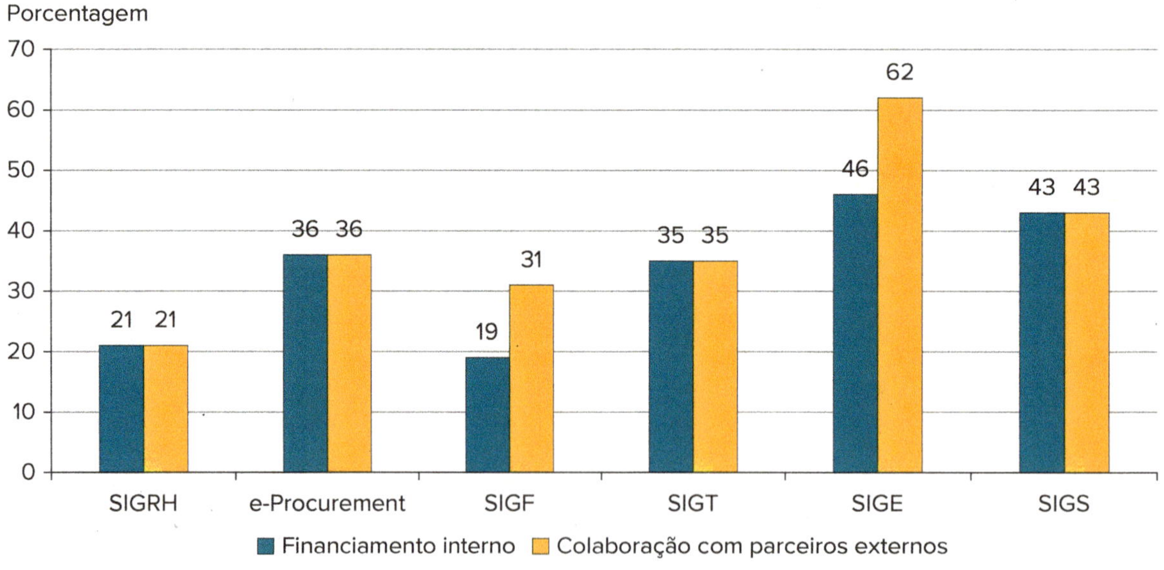

Fonte: Government Analytics Survey in Latin America and the Caribbean.
Nota: a figura mostra, por tipo de MIS, a proporção de sistemas na região que têm oportunidades de financiamento interno disponíveis para o desenvolvimento de produtos analíticos ou que têm colaborações com parceiros externos na análise de dados. *N* = 85 país-MISs, distribuídos da seguinte forma: Questionário SIGE (*n* = 13 países); questionário e-Procurement (*n* = 11 países); questionário SIGS (*n* = 14 países); questionário SIGRH (*n* = 14 países); questionário SIGF (*n* = 16 países); questionário SIGT (*n* = 17 países). SIGE = Sistema Integrado de Gestão de Educação; e-Procurement = sistema de informações de gerenciamento de aquisições; SIGS = Sistema Integrado de Gestão de Saúde; SIGRH = sistema de informações de gerenciamento de recursos humanos; MIS = sistema de informações de gerenciamento; SIGF = Sistema Integrado de Gestão Financeira; SIGT = Sistema Integrado de Gestão Tributária.

> “Os orçamentos públicos são limitados, portanto, as lacunas de financiamento são identificadas para solicitar alinhamento e apoio por meio da cooperação internacional.”
>
> – Especialista em SIGF

O apoio de organizações e doadores internacionais pode ajudar a preencher essas lacunas. O principal motivador da colaboração em analítica de dados com parceiros externos é a necessidade de assistência técnica (Figura 4.9), o que sugere uma oportunidade estratégica para que as organizações governamentais aproveitem o conhecimento externo para aprimorar a analítica, principalmente quando os recursos e as capacidades internas são limitados. Entretanto, as mesmas funções do governo que têm maior probabilidade de receber financiamento interno também têm maior probabilidade de colaborar estrategicamente em projetos analíticos com acadêmicos, organizações sem fins lucrativos ou organizações multilaterais. As oportunidades de financiamento interno e as colaborações externas para projetos analíticos baseados em dados de SIGRH, e-Procurement, SIGF ou SIGT parecem ser muito limitadas (menos de 36 % dos entrevistados as relataram), conforme mostra a figura 4.8.

> “Colaboramos quando solicitados, mas não como parte de uma estratégia.”
>
> – Especialista em TaxMIS

FIGURA 4.9 Fatores determinantes da colaboração em analítica com acadêmicos, organizações sem fins lucrativos ou organizações multilaterais

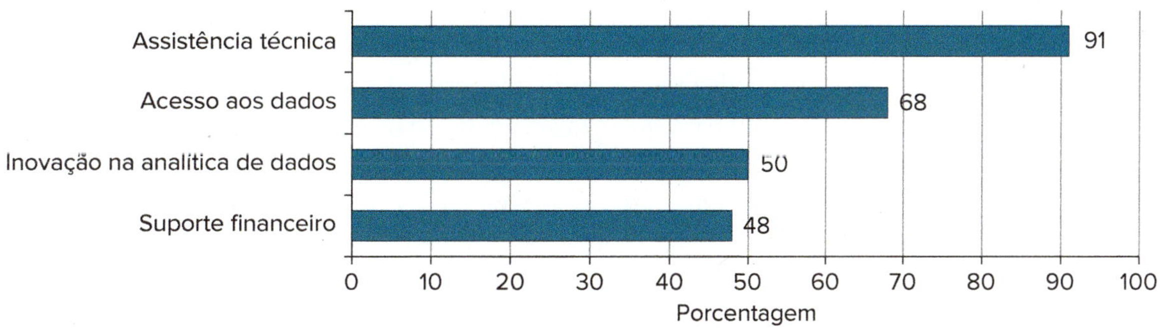

Fonte: Government Analytics Survey in Latin America and the Caribbean.
Nota: a figura mostra a proporção de MISs na região para os quais cada categoria descrita é um impulsionador da colaboração em análise de dados com parceiros externos. Os resultados não totalizam 100% porque a pergunta permitia respostas múltiplas. *N* = 85 país-MISs. MIS = sistema de informações gerenciais.

> **"O orçamento institucional não inclui um item específico para pesquisa ou analítica de dados; no entanto, ele inclui o pagamento de salários para a equipe institucional, o que significa que há apoio orçamentário indireto."**
>
> **– Especialista em SIGF**

Os governos da região também podem sistematizar o uso da analítica na tomada de decisões incorporando agências analíticas especializadas à estrutura organizacional da administração pública. As unidades analíticas podem ajudar o governo a atrair analistas de dados; estabelecer um fluxo de trabalho analítico consistente e de longo prazo; e garantir financiamento regular por meio da folha de pagamento de uma equipe dedicada. Quase 80 % dos especialistas pesquisados informaram que seus governos têm unidades especializadas encarregadas de produzir analíticas usando dados administrativos. Entretanto, muitos entrevistados observaram que essas unidades não são dedicadas exclusivamente à analítica, pois dividem seu tempo de trabalho entre tarefas analíticas e funções operacionais, conforme necessário. Apenas alguns entrevistados mencionaram um laboratório de inovação ou uma equipe de analítica especializada que se concentra em tempo integral na produção de analíticas. Confiar em equipes de meio período para tarefas analíticas pode levar a resultados abaixo do ideal, pois essas equipes podem atribuir às necessidades operacionais imediatas uma prioridade maior do que aos objetivos analíticos mais amplos, perdendo oportunidades de inovação, otimização e planejamento de longo prazo para a elaboração de políticas baseadas em evidências.

QUAL É A SITUAÇÃO DA INFRAESTRUTURA DE DADOS NA REGIÃO?

Conforme descrito na estrutura conceitual do capítulo 2, a infraestrutura de dados também é uma condição essencial para a analítica governamental. Uma infraestrutura de dados desatualizada ou inadequada limita a qualidade e a acessibilidade dos dados, tornando difícil para as organizações o uso de dados administrativos para analítica e elaboração de políticas. Os problemas de infraestrutura de dados impedem o desenvolvimento da analítica na América Latina e no Caribe: embora a região seja pioneira global no estabelecimento de MIS (conforme discutido no capítulo 1), 61 % dos especialistas em MIS pesquisados informaram que seus sistemas não são totalmente digitalizados.

Os níveis de digitalização de MIS variam substancialmente de acordo com a função do governo (Figura 4.10). Os TaxMISs e SIGF apresentam um grau relativamente alto de digitalização (71 % e 50 % desses tipos de MIS, respectivamente, são totalmente digitalizados), enquanto os HealthMISs têm o menor grau de digitalização. No setor de saúde, apenas 8 % dos entrevistados informaram que seu SIGS é totalmente digitalizado. De acordo com os especialistas em MIS, algumas informações ainda são registradas em documentos do Word, PDFs e planilhas do Excel. Os níveis de digitalização também variam significativamente entre os diferentes tipos de MIS em um mesmo país (Figura 4.11). Embora alguns países tenham MIS mais totalmente digitalizados do que outros, os TaxMISs são consistentemente os mais avançados.

FIGURA 4.10 Sistemas totalmente digitalizados, por tipo de MIS

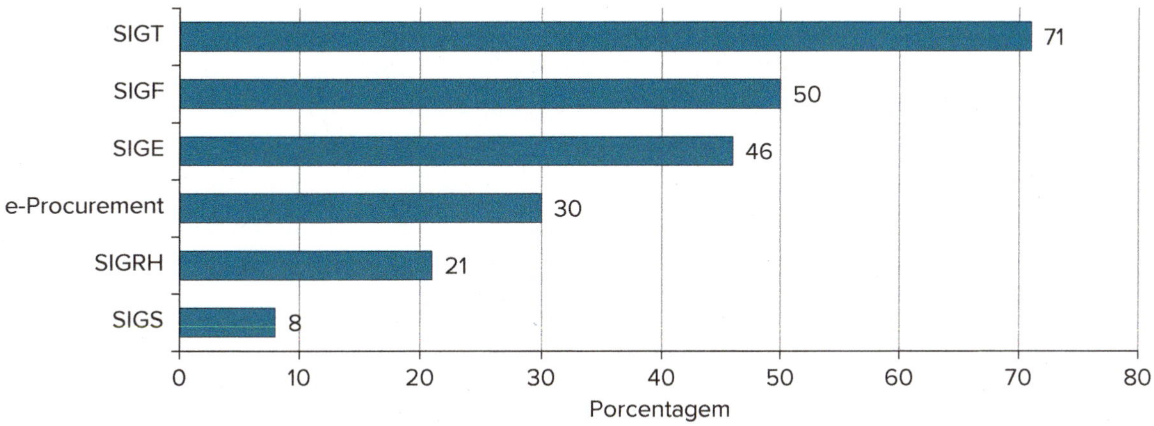

Fonte: Government Analytics Survey in Latin America and the Caribbean.
Nota: A figura mostra, por tipo de MIS, a proporção de sistemas na região que são totalmente digitalizados. *N* = 85 países-MISs, distribuídos da seguinte forma: Questionário SIGE (*n* = 13 países); questionário e-Procurement (*n* = 11 países); questionário SIGS (*n* = 14 países); questionário SOGRH (*n* = 14 países); questionário SIGF (*n* = 16 países); questionário SIGT (*n* = 17 países). SIGE = Sistema Integrado de Gestão de Educação; e-Procurement= sistema de informações de gerenciamento de aquisições; SIGS = Sistema Integrado de Gestão de Saúde; SIGRH = sistema de informações de gerenciamento de recursos humanos; MIS = management information system; SIGF = Sistema Integrado de Gestão Financeira; SIGT = Sistema Integrado de Gestão Tributária.

FIGURA 4.11 Sistemas totalmente digitalizados, por país e tipo de MIS

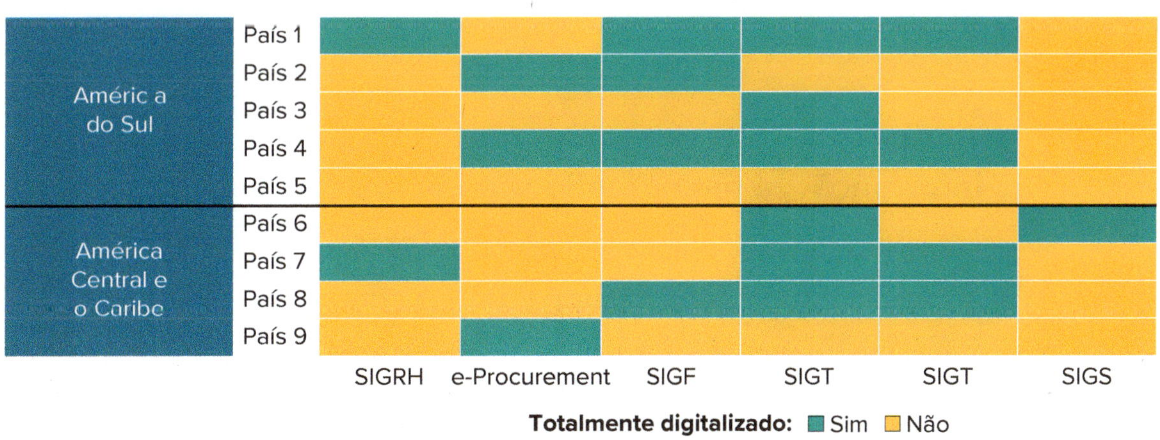

Fonte: Government Analytics Survey in Latin America and the Caribbean.
Nota: A figura mostra o nível de digitalização do sistema entre os MISs e os países da região. Os dados apresentados incluem apenas os países que preencheram todos os seis questionários MIS. *n* = 54 países-MISs. SIGE = Sistema Integrado de Gestão de Educação; e-Procurement = sistema de informações de gerenciamento de aquisições; SIGS = Sistema Integrado de Gestão de Saúde; SIGRH = Sistema de informações de gerenciamento de recursos humanos; MIS = sistema de informações de gestão; SIGF = Sistema Integrado de Gestão Financeira; SIGT = Sistema Integrado de Gestão Tributária.

> **“O e-Procurement é parcialmente digitalizado: Documentos do Word, PDFs, imagens, Excel e arquivos CSV [valores separados por vírgula] ainda são usados.”**
> **– Especialista em e-Procurement**

Por que a digitalização é limitada a algumas funções do governo? Os especialistas em MIS pesquisados indicaram que a fragmentação de dados e os sistemas isolados restringem a digitalização: por exemplo, quando os registros de saúde são mantidos em formato físico, as etapas do ciclo de compras acontecem fora do sistema de contratações públicas do governo, ou as informações da folha de pagamento e os dados sobre avaliações de desempenho e trajetórias de carreira são mantidos em sistemas separados. A fragmentação também pode ocorrer se diferentes ministérios usarem diferentes sistemas de aquisição ou se diferentes hospitais tiverem diferentes portais para registrar informações sobre os serviços prestados. Quando os sistemas são fragmentados, vários subsistemas operam de forma independente, e alguns são digitalizados, mas outros não. Isso torna praticamente impossível a criação de um MIS centralizado e totalmente digitalizado com informações detalhadas, acertadas e atualizadas, impedindo que os governos aproveitem efetivamente os dados administrativos.

A fragmentação também significa que as organizações governamentais não conseguem acessar e usar os dados administrativos umas das outras, impedindo-as de combinar dados de várias fontes para gerar novas evidências. O intercâmbio de dados entre organizações governamentais é limitado pela inadequação dos protocolos de acesso formal aos dados administrativos. Esses protocolos têm duas finalidades: ajudam a manter a confiança no órgão responsável pela produção dos dados e garantem o acesso ininterrupto aos dados ao longo do tempo.

> **“O Ministério de Saúde Pública tem 103 sistemas de informação, a maioria não são interoperáveis”.**
> **– Especialista em SIGS**
>
> **“O MIS é composto de vários módulos para gerenciar os subsistemas de talentos humanos; no entanto, alguns desses módulos até o momento ainda não estão totalmente automatizados ou digitalizados.”**
> **– Especialista em SIGRH**

> **“Não há um protocolo único; cada colaboração deriva de um acordo que regula as regras de relacionamento, e temos políticas e padrões para o uso e o gerenciamento de dados.”**
>
> **– Especialista em SIGS**
>
> **“Há um sistema verbal em vigor [para acesso aos dados], mas nenhum procedimento formal por escrito.”**
>
> **– Especialista em SIGS**

Embora existam – 57 % dos especialistas em MIS informaram que há protocolos formais que regem o acesso a dados administrativos - muitos desses protocolos parecem ser acordos ad hoc entre a organização que gerencia um MIS e aqueles que buscam acesso aos dados. Esses acordos ad hoc geralmente carecem de diretrizes, requisitos e restrições explícitos e padronizados para o compartilhamento de dados.

De acordo com alguns especialistas em MIS, a acessibilidade dos dados é facilitada pelas leis que regem as iniciativas de dados abertos. Essas leis, no entanto, geralmente são elaboradas tendo em mente os consumidores externos, e não os atores internos do governo. Consequentemente, os dados fornecidos por meio dessas iniciativas podem não estar em um nível de detalhe suficiente para gerar percepções valiosas sobre o funcionamento da administração pública. Em contraste, de acordo com o Índice de Governo Digital da Organização para a Cooperação e Desenvolvimento Econômico, 96 % dos países membros da organização fora da América Latina e do Caribe relatam ter um requisito formal explícito para o compartilhamento de dados entre organizações governamentais (OCDE 2019).[2] Sem protocolos mais formais na América Latina e no Caribe, os dados podem estar acessíveis apenas aos órgãos que têm a influência política para negociar o acesso.

Entretanto, assim como ocorre com os aplicativos e recursos analíticos, os protocolos de acesso formal variam entre as diferentes funções do governo. Conforme ilustra a Figura 4.12, os protocolos de acesso parecem ser mais predominantes nos HRMISs (86 %), nos e-Procurement (73%) e nos TaxMISs (71%), enquanto são menos comuns nos EdMISs e HealthMISs (38% e 14%, respectivamente). Esse padrão também se aplica dentro dos países: mesmo que a maioria dos MIS de um país tenha protocolos formais para gerenciar e compartilhar dados, os SIGS e SIGE são exceções (Figura 4.13). Essa variação pode ser devida a diferentes estruturas regulatórias, níveis de fragmentação de dados, prioridades organizacionais ou níveis de envolvimento das partes interessadas nos órgãos que gerenciam esses sistemas de informação. No caso dos HealthMISs, a ausência de protocolos formais de acesso também pode ser causada pelo baixo grau de digitalização, conforme observado anteriormente.

FIGURA 4.12 Protocolos formais de acesso a dados, por tipo de MIS

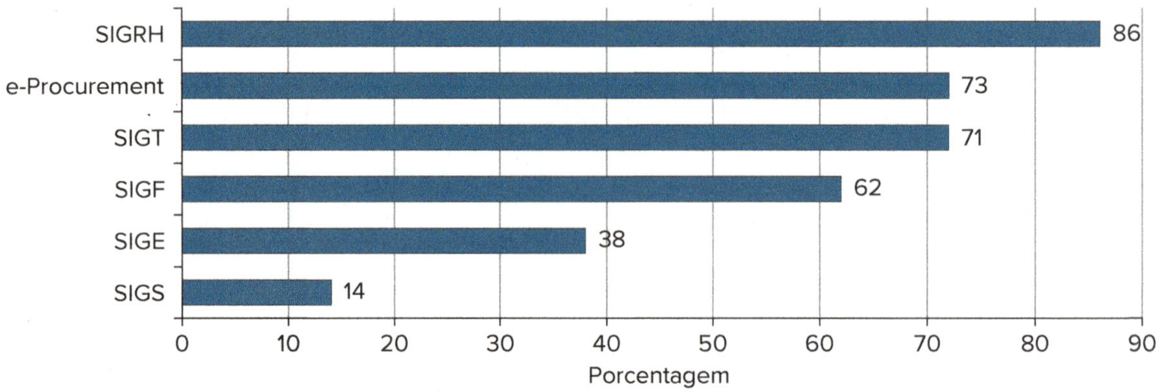

Fonte: Government Analytics Survey in Latin America and the Caribbean.
Nota: A figura mostra, por tipo de MIS, a proporção de sistemas na região que têm protocolos formais para acessar os dados do sistema. *N* = 85 países-MISs, distribuídos da seguinte forma: Questionário SIGE (*n* = 13 países); Questionário e-Procurement (*n* = 11 países); questionário SIGS (*n* = 14 países); questionário SIGRH (*n* = 14 países); questionário SIGF (*n* = 16 países); questionário SIGT (*n* = 17 países). SIGE = Sistema Integrado de Gestão de Educação; e-Procurement = sistema de informações de gerenciamento de aquisições; SIGS = Sistema Integrado de Gestão de Saúde SIGRH = Sistema Integrado de Gestão de Recursos Humanos; MIS = sistema de informações de gestão; SIGF = Sistema Integrado de Gestão Financeira; SIGT = Sistema Integrado de Gestão Tributária.

FIGURA 4.13 Protocolos formais de acesso a dados, por país e tipo de MIS

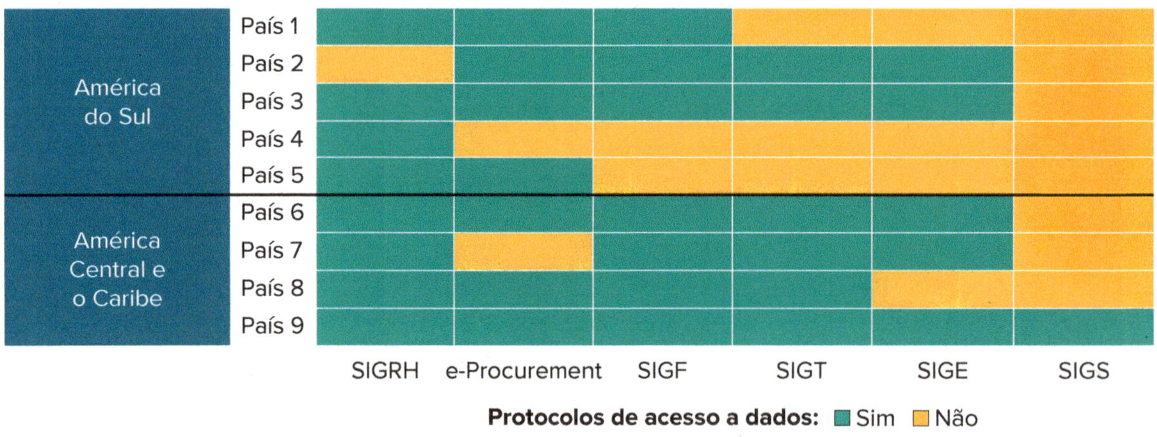

Fonte: Pesquisa de Analítica governamental na América Latina e no Caribe.
Nota: A figura mostra a existência de protocolos formais para acessar os dados do sistema nos MISs e nos países da região. Os dados apresentados incluem apenas os países que preencheram todos os seis questionários MIS. *n* = 54 países-MISs. SIGE = Sistema Integrado de Gestão de Educação; e-Procurement = sistema de informações de gerenciamento de aquisições; SIGS = Sistema Integrado de Gestão de Saúde; SIGRH = Sistema Integrado de Gestão de Recursos Humanos; MIS = sistema de informações de gestão; SIGF = Sistema Integrado de Gestão Financeira; SIGT = Sistema Integrado de Gestão Tributária.

> **“O SIGS apenas parcialmente digitalizado devido à existência de alguns formulários físicos que não estão integrados ao sistema”.**
>
> **– Especialista em SIGS**

A acessibilidade dos dados também é limitada quando as organizações não dispõem de informações sistematizadas sobre os dados disponíveis nos sistemas de informação. De acordo com mais da metade (58 %) dos especialistas em MIS pesquisados, não existem inventários de dados abrangentes, que listem todos os elementos de dados disponíveis em um MIS, para os sistemas com os quais eles trabalham. Sem inventários de dados, as organizações têm dificuldade para determinar quais tipos de dados estão disponíveis e onde estão armazenados, o que torna mais complicado para elas conceber e implementar novos projetos analíticos. Além disso, sem uma documentação abrangente, as organizações não podem gerenciar adequadamente os dados ao longo de seus ciclos de vida, desde a criação e o armazenamento até o arquivamento ou a exclusão. Além disso, apenas 15 % dos MIS medem a frequência com que seus dados são acessados. Abordagens mais robustas e padronizadas para rastrear o acesso aos dados administrativos são importantes para identificar os usuários e a frequência de uso e otimizar a utilização dos dados pelas organizações.

Além de serem abrangentes e acessíveis, os dados também devem ser de alta qualidade, portanto, os MIS precisam de mecanismos para garantir a qualidade dos dados que contêm. De acordo com a maioria (65 %) dos especialistas em MIS pesquisados, os controles de qualidade de dados são implementados nos sistemas com os quais eles trabalham para garantir a precisão, a consistência, a integridade, a confiabilidade e a qualidade geral dos dados administrativos. Esses controles parecem ser

> **“Existem inventários, mas eles não enquadram nem contêm todos os dados.”**
>
> **– Especialista em SIGS**
>
> **“Não existe um registro organizado dos dados disponíveis.”**
>
> **– Especialista em SIGF**
>
> **“Há métricas de uso para a plataforma em geral mas não especificamente em relação ao acesso aos dados.”**
>
> **– Especialista em TaxMIS**

particularmente predominantes nos TaxMISs (82 %) e EdMISs (85 %), mas são menos frequentes nos HealthMISs (43 %) (Figura 4.14). Entretanto, esses os especialistas em MIS também observaram que os processos de limpeza de dados geralmente não são frequentes e devem ser realizados manualmente, fora dos sistemas. De fato, de acordo com o relatório do Banco Mundial Índice de Maturidade GovTech, apenas 25 % dos países da região implementaram uma estrutura de qualidade de dados, o que é menor do que a taxa de implementação em outras regiões (Banco Mundial 2022).[3]

Essa falta de controles sistemáticos da qualidade dos dados pode causar problemas para as organizações que buscam aproveitar os dados administrativos para a analítica. Quando os controles de qualidade dos dados não são integrados a um MIS, cada equipe que acessa os dados precisa realizar seus próprios controles de qualidade, duplicando os esforços de outras equipes. Isso resulta em um processo de controle de qualidade altamente ineficiente. Além disso, se os problemas de qualidade, como entrada de dados errônea ou campos de dados incompletos, permanecerem, eles podem prejudicar significativamente a precisão, a confiabilidade e a replicabilidade da analítica.

" Existem algumas verificações de controle de qualidade e processos de auditoria em vigor; contudo, são necessários controles adicionais para garantir a máxima qualidade dos dados"

– Especialista em SIGS

FIGURA 4.14 Controles de qualidade de dados em vigor, por tipo de MIS

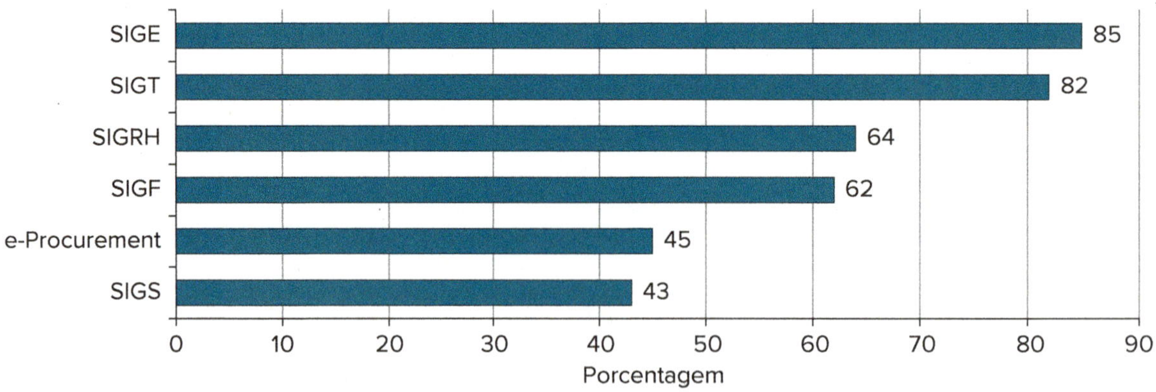

Fonte: Government Analytics Survey in Latin America and the Caribbean.
Nota: A figura mostra, por tipo de MIS, a proporção de sistemas na região que têm controles de qualidade de dados implementados. *N* = 85 países-MISs, distribuídos da seguinte forma: Questionário SIGE (*n* = 13 países); questionário e-Procurement (*n* = 11 países); questionário SIGS (*n* = 14 países); questionário SIGRH (*n* = 14 países); questionário SIGF (*n* = 16 países); questionário SIGT (*n* = 17 países). SIGE = Sistema Integrado de Gestão de Educação; e-Procurement = sistema de informações de gerenciamento de aquisições; SIGS= Sistema Integrado de Gestão de Saúde; SIGRH = sSistema Integrado de Gestão de Recursos Humanos; MIS = sistema de informações de gerenciamento; SIGF = Sistema Integrado de Gestão Financeira; SIGT = Sistema Integrado de Gestão Tributária.

> **“Embora não haja processos de limpeza de dados, está sendo feito um trabalho para melhorar os dados e sua qualidade por meio de validação nas solicitações de entrada e correção.”**
>
> **– Especialista em SIGT**
>
> **“Há controles de qualidade no sistema transacional que fornece dados para o e- Procurement, mas não são suficientes para a qualidade adequada dos dados.”**
>
> **– Especialista em e-Procurement**
>
> **“Os dados são revisados regularmente, mas é um trabalho intensivo por falta de ferramentas adequadas; mesmo assim, é possível fazer mais.”**
>
> **– Especialista em SIGRH**

Todas as limitações da infraestrutura de dados mencionadas aqui - digitalização incompleta; fragmentação de dados; e a falta de protocolos de acesso formal, inventários de dados abrangentes e controles sistemáticos de qualidade de dados - enfraquecem a interoperabilidade dos sistemas de informações governamentais. Se os governos estabelecessem a infraestrutura básica para a interoperabilidade, eles poderiam aumentar enormemente seu potencial geral de uso de dados para a analítica e elaboração de políticas. De acordo com o Índice de Maturidade GovTech do Banco Mundial, menos de 35 % dos países da América Latina e do Caribe implementaram uma estrutura de interoperabilidade governamental que permite a troca eficiente e segura de informações entre sistemas e organizações governamentais (Banco Mundial, 2022).[4] Os governos devem fazer a transição de uma abordagem fragmentada e em silos para uma abordagem abrangente e de todo o governo para garantir uma administração pública responsiva e eficaz. Isso significa que, em vez de exigir que as organizações individuais coletem, armazenem e analisem dados isoladamente para atingir objetivos específicos da organização, os governos devem incentivar a colaboração entre as organizações, abrangendo diferentes níveis e setores. Essa abordagem colaborativa pode fomentar a sinergia e ajudar as organizações a atingirem objetivos compartilhados em diversos âmbitos.

De modo geral, a avaliação regional apresentada neste capítulo revela o enorme potencial que os governos da América Latina e do Caribe têm para usar seus dados administrativos existentes para aprimorar a elaboração e a implementação de políticas. Ao melhorar suas capacidades analíticas (por meio da criação de carreiras analíticas e agências analíticas especializadas) e ao fortalecer sua infraestrutura de dados (a través da melhoria dos controles de qualidade dos dados e do fortalecimento da interoperabilidade do MIS), os governos podem aproveitar o uso existente da analítica descritiva para o monitoramento e prestação de contas. A analítica de diagnóstico e preditiva, se desenvolvida de forma estratégica e em resposta às necessidades das políticas, pode ajudar a promover a elaboração de políticas baseadas em evidências e fortalecer o funcionamento do governo na região. O capítulo final deste relatório apresenta recomendações de políticas para mostrar como os governos podem fortalecer seu ecossistema geral de analítica governamental para atingir essas metas.

NOTAS

1. Todas as análises neste capítulo são apresentadas de forma geral. Os países individuais não são identificados devido aos acordos de confidencialidade dos dados da pesquisa. Manter os países anônimos e informar previamente os entrevistados sobre essa abordagem provavelmente reduziu o viés de conveniência social em suas respostas.
2. A pergunta do Índice de Governo Digital de 2019 é a seguinte: "Seu país tem uma exigência formal explícita para que as organizações do setor público compartilhem os dados que produzem com outras organizações do setor público?"
3. Somente a África (excluindo o norte da África) tem uma taxa de implementação menor do que a América Latina e o Caribe, com apenas 13 % dos países tendo implementado uma estrutura de qualidade de dados. Em comparação, 51 % dos países da Europa e Ásia Central, 50 % dos países do Sul da Ásia, 33 % dos países do Oriente Médio e Norte da África e 30 % dos países do Leste Asiático e Pacífico implementaram estruturas de qualidade de dados (Banco Mundial 2022).
4. A taxa de implementação de estruturas de interoperabilidade de dados na América Latina e no Caribe é significativamente menor do que a do Sul da Ásia (75 %) e da Europa e Ásia Central (74 %), mas é maior do que a do Oriente Médio e Norte da África (33 %), Leste Asiático e Pacífico (27 %) e África (23 %) (Banco Mundial 2022).

REFERÊNCIAS

OECD (Organisation for Economic Co-operation and Development). 2014. "Recommendation of the Council on Digital Government Strategies." Adopted July 14, 2014. https://legalinstruments.oecd.org/en/instruments/OECD-LEGAL-0406.

OECD (Organisation for Economic Co-operation and Development). 2019. "Digital Government Index: 2019 Results." OECD Public Governance Policy Paper 3, OECD, Paris. https://doi.org/10.1787/4de9f5bb-en.

Porrúa, Miguel, Mariano Lafuente, Benjamin Roseth, Laura Ripani, Edgardo Mosqueira, Angela Reyes, Javier Fuenzalida, Francisco Suárez, and Rodrigo Salas. 2021. *Digital Transformation and Public Employment: The Future of Government Work*. Washington, DC: Inter-American Development Bank. https://doi.org/10.18235/0003245.

World Bank. 2022. *GovTech Maturity Index, 2022 Update: Trends in Public Sector Digital Transformation*. Equitable Growth, Finance and Institutions Insight—Governance. Washington, DC: World Bank. https://hdl.handle.net/10986/38499.

CAPÍTULO 5

Recomendações de políticas para fortalecer a analítica governamental na América Latina e no Caribe

INTRODUÇÃO

Este relatório oferece uma visão geral e uma análise de como os governos da América Latina e do Caribe podem usar a analítica de dados para enfrentar os desafios do desenvolvimento. Ele argumentou que os governos da região podem aproveitar os avanços significativos na cobertura do sistema de informações gerenciais (MIS) para desenvolver a analítica de forma estratégica e aplicá- la à elaboração, implementação e avaliação de políticas, especialmente por meio do fortalecimento das condições favoráveis para esses avanços: recursos analíticos e infraestrutura de dados. A estrutura conceitual do relatório (capítulo 2), os estudos de caso (capítulo 3) e a avaliação regional (capítulo 4) oferecem aos governos orientação para o desenvolvimento de um ecossistema de analítica governamental em seu contexto e inspiração para as diversas maneiras pelas quais a analítica pode ser aplicada para impulsionar a elaboração de políticas baseadas em evidências e melhorar o funcionamento do governo.

Este capítulo oferece recomendações de políticas específicas para ajudar os governos a colocar em prática os outros capítulos deste relatório, desenvolvendo e usando a analítica de dados para promover seus próprios objetivos de política. As recomendações de políticas refletem a estrutura do quadro conceitual (Figura 2.1). Em primeiro lugar, o capítulo discute como adotar uma abordagem mais estratégica para a analítica governamental a fim de gerar evidências para a tomada de decisões. Em seguida, apresenta recomendações para o desenvolvimento de recursos analíticos e, por fim, analisa maneiras de fortalecer a infraestrutura de dados.

Um pacote de reprodução está disponível para este livro no Reproducible Research Repository em https://reproducibility.worldbank.org/index.php/catalog/209.

Essas recomendações de políticas podem ser usadas por organizações governamentais que estão apenas começando a aproveitar seus dados administrativos, bem como por aquelas que já estão bem adiantadas em sua jornada analítica. Como mostra a avaliação regional no capítulo 4, a digitalização do MIS, os protocolos de acesso a dados e os controles de qualidade podem variar muito entre as funções governamentais de um mesmo país. Por esse motivo, este capítulo divide a maioria das recomendações em etapas estratégicas de complexidade crescente. As organizações podem abordar essas etapas em ordem e podem usá-las para identificar a próxima etapa apropriada em seus próprios contextos.

Identificar as próximas etapas é importante porque o desenvolvimento de um ecossistema de analítica governamental sólido é um processo iterativo. Quando os governos levam a coleta de dados e a analítica ao limite, eles podem pressionar os funcionários públicos, resultando em incentivos prejudiciais que limitam o poder da analítica para orientar a tomada de decisões. Sob pressão, as organizações podem ter incentivos para se concentrar apenas na medição do que é mais fácil de quantificar, resultando em uma compreensão parcial ou distorcida dos fenômenos e desviando a atenção da analítica de suas causas fundamentais. Os funcionários públicos podem até sofrer pressão para falsificar ou deturpar dados, ameaçando a saúde do ecossistema analítico como um todo (Bridges e Woolcock 2023).

Uma maneira de os governos evitarem a criação desses incentivos distorcidos é abordar a analítica de forma estratégica e incremental, prestando atenção em como as iniciativas analíticas dependem e transformam as condições favoráveis dentro do ecossistema analítico. Ao se concentrar em reformas graduais e direcionadas, os governos não sacrificam o impacto significativo da analítica, pois mesmo uma análise ligeiramente melhor pode levar a grandes melhorias no funcionamento do governo. Como os estudos de caso deste relatório demonstraram, as organizações governamentais que tomam pequenas medidas iniciais em direção à analítica - como organizar um datathon ou desenvolver analíticas descritivas sobre consultas médicas - ainda podem causar um grande impacto.

RECOMENDAÇÕES DE POLÍTICAS

Como os governos podem adotar uma abordagem mais estratégica de analítica para gerar evidências para a tomada de decisões?

Conforme descrito no capítulo 4, os dados administrativos na América Latina e no Caribe são usados predominantemente para analíticas descritivas. As analíticas de diagnóstico e preditivas permanecem em grande parte subutilizadas, prejudicando a capacidade dos governos de antecipar e responder com eficácia aos desafios das políticas. Além disso, os produtos analíticos são empregados principalmente para monitoramento e prestação de contas, com menos ênfase na avaliação e na elaboração de políticas. A dependência de dados administrativos para fins operacionais e transacionais geralmente resulta na perda de oportunidades de aproveitar a analítica avançada para a tomada de decisões mais estratégicas. Essas constatações ressaltam a necessidade de uma abordagem mais estratégica para a analítica governamental, o que se reflete nas recomendações a seguir.

Fortalecer a cultura de elaboração de políticas baseadas em evidências e a demanda por analíticas na administração pública.

1. Analisar se os dados e as evidências estão sendo usados para definir políticas e estratégias em cada função do governo. (Para obter informações detalhadas sobre iniciativas analíticas e tomada de decisões em recursos humanos, finanças públicas e aquisições, consulte os capítulos 10 a 12 do *The Government Analytics Handbook* [Tavares, Ortega Nieto e Woodhouse 2023; Piatti-Fünfhirchen, Brumby e Hashim 2023; Cocciolo, Samaddar e Fazekas 2023]).

2. Fortalecer o vínculo entre as aplicações analíticas e a tomada de decisões, definindo sistematicamente as prioridades de reforma em cada função governamental e as evidências que seriam necessárias para orientar a reforma nessa função. (Por exemplo: O que poderia ser melhorado nas contratações públicas? O que os governos precisariam saber para fazer essas melhorias?)

3. Promover a demanda por analítica de dados por meio de workshops, conferências e programas que criem conscientização sobre aplicações eficazes da analítica, estabelecer redes e parcerias e incentivar o compartilhamento de dados entre organizações governamentais. (Para obter mais informações sobre o compartilhamento de dados, consulte, por exemplo, Welch, Feeney e Park, 2016).

4. Fortalecer as parcerias entre organizações e coordenar os interesses das partes públicas interessadas (consulte, por exemplo, Allard et al. 2018).

5. Uma vez que a demanda por analítica de dados tenha sido estabelecida, projete e implemente uma estratégia institucional de governança de dados e uma estratégia de gerenciamento de dados. Esses documentos estratégicos são essenciais para permitir que as organizações governamentais gerenciem com eficácia seus ativos de dados; criem protocolos, processos, funções e políticas internas; reduzam os riscos; e fortaleçam uma cultura que apoie a tomada de decisões com base em evidências. (Para obter mais detalhes sobre governança de dados, consulte os capítulos 6 e 8 do *World Development Report 2021: Data for Better Lives* [Banco Mundial 2021]).

Definir o uso estratégico dos dados governamentais.

1. Analisar como os dados de cada MIS podem ser usados para informar a tomada de decisões na função governamental relacionada. (Por exemplo: como os dados do e-Procurement podem ser usados para fortalecer a aquisição?)

2. Criar estratégias sobre os usos mais amplos dos dados de cada MIS *em todas as* organizações, especialmente se eles estiverem conectados a outros dados governamentais. (Por exemplo: Para que os dados de e-Procurement podem ser usados além das aquisições? Quais organizações estão usando atualmente os dados de aquisições e como? Quais organizações se beneficiariam do uso de dados de aquisições e como?)

Otimizar a analítica descritiva e desenvolver analíticas de diagnóstico e preditivas.

1. Criar as condições para o uso eficaz e eficiente dos dados administrativos para monitoramento e prestação de contas. Definir uma estrutura de monitoramento e prestação de contas, estabelecer um processo para a criação de relatórios regulares com base em dados administrativos e criar um painel interativo para fins de controle e relatórios.

2. Avançar no uso de analíticas de diagnóstico e preditivas para informar a avaliação e a elaboração de políticas. Desenvolver produtos analíticos mais avançados (para aquisições), como sistemas de alerta, ferramentas de triagem de fraude em licitações ou sistemas de avaliação de risco governamental (estudo de caso 3.11). A evolução da analítica descritiva para a analítica de diagnóstico e preditiva pode liberar um grande potencial dos dados governamentais, mas requer apoio político para mudar a forma como as decisões políticas são tomadas, bem como bases sólidas na infraestrutura de dados e recursos analíticos. A analítica preditiva também exige analistas de dados com habilidades técnicas mais avançadas, parcerias com instituições externas ou ambos.

Como os governos podem desenvolver capacidades analíticas para indivíduos e organizações?

O relatório identifica uma necessidade crítica de fortalecer as capacidades analíticas tanto em indivíduos quanto em organizações do setor público da América Latina e do Caribe. Embora os governos da região reconheçam a importância das habilidades analíticas, há uma lacuna significativa em planos de carreira estruturados para analistas de dados e uma falta de avaliações sistemáticas de proficiência em analítica de dados para funcionários públicos. Essa deficiência, junto com o financiamento limitado para projetos analíticos, dificulta o desenvolvimento e a implementação de estratégias analíticas completas. As conclusões sugerem que o estabelecimento de agências analíticas especializadas e a promoção de colaborações com organizações acadêmicas e internacionais podem desempenhar um papel importante para enfrentar esses desafios de fortalecimento de capacidades. Essas estratégias são essenciais para melhorar o uso estratégico da analítica de dados na tomada de decisões do governo.

Avaliar as capacidades analíticas existentes.

1. Avaliar regularmente as capacidades analíticas no setor público, especialmente em unidades analíticas especializadas (se existirem). Usar essas avaliações para identificar as necessidades de capacitação e moldar o planejamento estratégico da força de trabalho.

2. Alinhar as capacidades analíticas da força de trabalho do setor público com as habilidades e os conhecimentos necessários para a produção estratégica e o uso da analítica governamental.

Desenvolver recursos analíticos de forma estratégica.

1. Oferecer programas de treinamento em analítica de dados e desenvolver iniciativas para fortalecer a capacidade dos funcionários públicos de usar dados e evidências para tomar decisões importantes.
2. Desenvolver uma estrutura coerente para conectar o desenvolvimento de habilidades com as aplicações práticas, integrando o treinamento e a capacitação em uma estratégia geral para levar a administração pública à elaboração de políticas baseadas em evidências. A abordagem estratégica dos programas de treinamento em analítica de dados pode ajudar a garantir que eles tenham uma estrutura coesa e ofereçam caminhos claros para que os participantes apliquem as habilidades recém-adquiridas nos programas de trabalho existentes.
3. Para os tomadores de decisão, desenvolver a capacidade de identificar lacunas de conhecimento e necessidades de evidências e aplicar conhecimentos analíticos.
4. Para os analistas de dados, complementar os programas de treinamento com treinamento técnico específico do setor, quando necessário. É essencial que as equipes de analítica compreendam o contexto e as implicações da analítica em áreas de políticas específicas.
5. Para especialistas em áreas específicas, desenvolver a capacidade de identificar lacunas de conhecimento, elaborar iniciativas analíticas, interpretar resultados analíticos e contextualizar os resultados.

Estabelecer um plano de carreira dedicada para analistas.

1. Estabelecer um plano de carreira dedicado para analistas de dados no setor público para gerar oportunidades estruturadas de desenvolvimento de carreira em analítica, o que é essencial para atrair e reter analistas de dados qualificados.
2. Estabelecer relacionamentos com instituições acadêmicas para criar oportunidades para atrair e promover talentos especializados por meio de estágios, bolsas de estudo e licença educacional remunerada para funcionários públicos. (Para obter mais informações, consulte o capítulo 6 de Porrúa et al. 2021).

Estabelecer unidades analíticas especializadas.

1. Estabelecer uma unidade dentro da estrutura organizacional da administração pública cujo mandato seja usar os dados do governo para monitoramento, avaliação, relatórios, elaboração de políticas e pesquisa. Considerar se uma unidade centralizada, que forneça analítica para toda a administração, ou unidades descentralizadas, que se concentram em funções governamentais específicas em uma única organização, são melhores no contexto em questão.
2. Aproveitar as unidades analíticas para atrair analistas de dados; estabelecer um fluxo de trabalho analítico consistente e de longo prazo; e garantir o financiamento regular por meio da contratação de pessoal especializado.

Garantir um orçamento para apoiar as capacidades e produtos analíticos.

Um orçamento específico é essencial para apoiar produtos analíticos (como painéis de controle, relatórios e pesquisas) e o desenvolvimento de capacidades.

1. Oferecer oportunidades de financiamento interno para iniciativas analíticas.
2. Aproveitar as unidades analíticas e as colaborações externas para garantir recursos para a analítica de dados e reduzir as restrições orçamentárias.
3. Compartilhar o financiamento das equipes analíticas com outras instituições públicas por meio de acordos formais ou informais para reduzir os custos e promover a interoperabilidade dos dados e a troca de conhecimentos.
4. Desenvolver um plano estratégico e uma visão de longo prazo para tornar a analítica de dados uma prioridade no orçamento do governo.

Desenvolver colaborações externas para apoiar todas as recomendações deste capítulo.

1. Desenvolva estratégias para colaborar na analítica e pesquisas com acadêmicos, organizações sem fins lucrativos, fundações ou organizações multilaterais. Os parceiros externos podem ajudar a atenuar as restrições orçamentárias. Eles também podem resolver a falta de habilidades analíticas e de conhecimento especializado na administração pública, ajudando a elaborar e implementar produtos analíticos. As colaborações exigem uma estrutura clara para o compartilhamento de dados e a coprodução de produtos analíticos.
2. Considere parcerias com o setor educacional para fortalecer as capacidades. Em todo o mundo, as universidades estão lançando iniciativas para lidar com a falta de habilidades analíticas no mercado de trabalho. Os governos, como grandes empregadores, podem desempenhar um papel fundamental nesses esforços. Por exemplo, o Uruguai estabeleceu uma parceria produtiva com a Universidad de la República, resultando na criação de um curso de educação continuada, "Data Quality Management for Digital Government". Esse curso foi elaborado especificamente para ajudar os funcionários públicos que trabalham na transformação digital do setor público a desenvolver habilidades analíticas especializadas.

Como os governos podem fortalecer a infraestrutura de dados?

O relatório destaca desafios significativos na infraestrutura de dados da América Latina e do Caribe, apesar dos avanços na digitalização. Muitos MIS não são suficientemente abrangentes ou são atualizados de forma irregular, o que resulta em variações significativas na qualidade dos dados. Há uma notável falta de medidas sistemáticas de controle da qualidade dos dados, e a limpeza dos dados é geralmente manual e esporádica. Essa situação prejudica a precisão, a confiabilidade, a rapidez e a replicabilidade da analítica de dados. Além disso, a interoperabilidade limitada entre os MIS e a natureza ad hoc do compartilhamento de dados entre as organizações governamentais impedem que todo o potencial dos MIS digitalizados seja aproveitado em projetos analíticos. Esses problemas ressaltam a necessidade fundamental de uma melhor governança de dados e de uma infraestrutura robusta para apoiar uma analítica governamental eficaz na região.

Avaliar a qualidade, a integridade e a pontualidade dos dados governamentais e definir as etapas de aprimoramento.

Avaliar, revisar e atualizar regularmente os MIS é essencial para impulsionar o valor de seus dados.

1. Garantir que os MIS sejam totalmente digitalizados. Isso requer a transição do registro manual de informações em documentos do Word, PDFs ou planilhas do Excel. Devido a restrições de recursos, pode ser necessário dar prioridade a determinados elementos de dados em detrimento de outros.
2. Determinar se os dados administrativos estão corretos, completos, vigentes e disponíveis para a analítica e identificar quaisquer obstáculos como relação à qualidade dos dados.
3. Quando um MIS fizer parte de um ecossistema de dados com um objetivo político em conjunto (por exemplo, o ecossistema de informações de gerenciamento das finanças públicas, que, na prática, inclui várias instituições e MIS), examine a qualidade, a integridade e a vigência dos dados em relação ao ecossistema geral de dados. Avalie a qualidade de todos os MIS del ecossistema para evitar silos de informações e fortalecer os MIS menos eficazes.

Estabelecer controles de qualidade de dados regulares, sistemáticos e automatizados.

Problemas de qualidade de dados, como entrada de dados errada ou campos de dados incompletos, podem prejudicar significativamente a precisão, a confiabilidade e a replicabilidade da analítica.

1. Integrar controles de qualidade de dados (como limpeza, cobertura e harmonização de dados) aos MIS para tornar o controle de qualidade mais eficiente e confiável.
2. Estabelecer equipes dedicadas responsáveis por supervisionar os controles de qualidade dos dados.

Estabelecer um inventário de dados.

Um inventário de dados ajuda os usuários a determinar quais tipos de dados estão disponíveis em um MIS, onde estão armazenados e a definição exata dos campos de dados. Isso facilita muito o desenvolvimento e a implementação de novos projetos analíticos. Um inventário de dados também é necessário para o gerenciamento adequado dos dados em todo o seu ciclo de vida, desde a criação e o armazenamento até o arquivamento ou a exclusão.

Conectar dados governamentais.

1. Estabelecer protocolos para o compartilhamento de dados entre órgãos governamentais. O estabelecimento de protocolos explícitos e formais para o compartilhamento de dados administrativos é uma etapa fundamental para conectar e integrar dados governamentais e produzir produtos analíticos mais avançados.

(Para obter informações sobre instituições, leis e regulamentações para melhorar a acessibilidade dos dados, consulte o Banco Mundial 2022).

2. Integrar os MIS para liberar todo o potencial dos sistemas totalmente digitalizados para a analítica. (Para obter detalhes sobre integração de dados e interoperabilidade de sistemas, consulte World Bank 2023).

Planeje a manutenção e as atualizações do MIS.

Estabelecer protocolos para manutenção e atualizações de MIS para garantir que os MIS aproveitem continuamente os mais recentes avanços tecnológicos.

CONCLUSÃO

As recomendações de políticas que concluem este relatório apresentam medidas estratégicas que os governos da América Latina e do Caribe podem adotar para promover o desenvolvimento de um ecossistema de analítica governamental. Ao fortalecer seus recursos analíticos e sua infraestrutura de dados de forma holística, os governos podem liberar todo o potencial de seus dados administrativos e, ao mesmo tempo, continuar a atender às necessidades dos tomadores de decisão por evidências em diferentes áreas de políticas. A analítica governamental que apoia o conhecimento e a experiência dos formuladores de políticas e gerentes pode ser uma ferramenta fundamental para criar uma cultura de elaboração de políticas baseadas em evidências na administração pública, com impactos positivos sobre a sustentabilidade fiscal, a prestação de serviços públicos e a confiança dos cidadãos nas instituições públicas.

Nas últimas décadas, os governos da América Latina e do Caribe construíram uma base sólida para a analítica de dados e experimentaram com diferentes aplicações analíticas. Com base na estrutura conceitual, nos estudos de caso, na avaliação regional e nas recomendações de políticas deste relatório, os governos podem avançar ainda mais no uso de dados administrativos para a analítica. As iniciativas de analítica governamental podem fornecer aos formuladores de políticas as evidências necessárias para tomar decisões informadas, enfrentar os desafios de governança e desenvolvimento e construir uma administração pública mais eficiente e eficaz.

REFERÊNCIAS

Allard, Scott W., Emily R. Wiegand, Colleen Schlecht, A. Rupa Datta, Robert M. Goerge, and Elizabeth Weigensberg. 2018. "State Agencies' Use of Administrative Data for Improved Practice: Needs, Challenges, and Opportunities." *Public Administration Review* 78 (2): 240–50. https://doi.org/10.1111/puar.12883.

Bridges, Kate, and Michael Woolcock. 2023. "Measuring What Matters: Principles for a Balanced Data Suite That Prioritizes Problem Solving and Learning." In *The Government Analytics Handbook: Leveraging Data to Strengthen Public Administration*, edited by Daniel Rogger and Christian Schuster, chap. 4. Washington, DC: World Bank. https://doi.org/10.1596/978-1-4648-1957-5.

Cocciolo, Serena, Suxhmita Samaddar, and Mihaly Fazekas. 2023. "Government Analytics Using Procurement Data." In *The Government Analytics Handbook: Leveraging Data to Strengthen Public Administration*, edited by Daniel Rogger and Christian Schuster, chap. 12. Washington, DC: World Bank. https://doi.org/10.1596/978-1-4648-1957-5.

Piatti-Fünfkirchen, James Brumby, and Ali Hashim. 2023. "Government Analytics Using Expenditure Data." In *The Government Analytics Handbook: Leveraging Data to Strengthen Public Administration*, edited by Daniel Rogger and Christian Schuster, chap. 10. Washington, DC: World Bank. https://doi.org/10.1596/978-1-4648-1957-5.

Porrúa, Miguel, Mariano Lafuente, Benjamin Roseth, Laura Ripani, Edgardo Mosqueira, Angela Reyes, Javier Fuenzalida, Francisco Suárez, and Rodrigo Salas. 2021. *Digital Transformation and Public Employment: The Future of Government Work.* Washington, DC: Inter-American Development Bank. https://doi.org/10.18235/0003245.

Tavares, Rafael Alves de Albuquerque, Daniel Ortega Nieto, and Eleanor Florence Woodhouse. 2023. "Government Analytics Using Human Resources and Payroll Data." In *The Government Analytics Handbook: Leveraging Data to Strengthen Public Administration*, edited by Daniel Rogger and Christian Schuster, chap. 10. Washington, DC: World Bank. https://doi.org/10.1596/978-1-4648-1957-5_ch10.

Welch, Eric W., Mary K. Feeney, and Chul Hyun Park. 2016. "Determinants of Data Sharing in U.S. City Governments." *Government Information Quarterly* 33 (3): 393–403. https://doi.org/10.1016/j.giq.2016.07.002.

World Bank. 2021. *World Development Report 2021: Data for Better Lives.* Washington, DC: World Bank. https://www.worldbank.org/en/publication/wdr2021.

World Bank. 2022. *GovTech Maturity Index, 2022 Update: Trends in Public Sector Digital Transformation.* Equitable Growth, Finance and Institutions Insight—Governance. Washington, DC: World Bank. https://hdl.handle.net/10986/38499.

World Bank. 2023. *Interoperability: Towards a Data-Driven Public Sector.* Equitable Growth, Finance and Institutions Insight—Governance. Washington, DC: World Bank. https://doi.org/10.1596/38520.

APÊNDICE A

Metodologia da pesquisa

Os questionários usados na pesquisa de analítica governamental realizada para este relatório foram elaborados de acordo com a estrutura conceitual descrita no capítulo 2 e se beneficiou da contribuição de diferentes equipes da Prática Global de Governança do Banco Mundial, bem como do feedback de especialistas de organizações governamentais e internacionais. Cada questionário para um tipo específico de sistema de informações gerenciais (MIS) consistiu em 20 perguntas e foi estruturado de maneira uniforme, com perguntas idênticas, mas com opções de resposta adaptadas a esse tipo de MIS, incluindo os formatos de sim/não e de múltipla escolha. Também foi solicitado aos entrevistados que elaborassem suas respostas, fornecessem explicações detalhadas, compartilhassem documentação relevante e fizessem comentários adicionais para embasar suas respostas. O questionário sobre recursos consistia em quatro perguntas.

A equipe de pesquisa administrou os questionários on-line por meio da plataforma SurveyCTO, garantindo que apenas uma resposta por MIS e por país fosse registrada. A estratégia de divulgação da equipe envolveu várias etapas. Inicialmente, a equipe entrou em contato com a autoridade governamental digital de cada país para identificar pontos focais. Essas autoridades digitais foram convidadas por meio de um e-mail que apresentava a pesquisa e solicitava o agendamento de um ponto focal para comunicação posterior. A equipe então convidou esses pontos focais para uma sessão de informações sobre a pesquisa. Os pontos focais foram então responsáveis pela coordenação com os especialistas em MIS relevantes em seus governos para coletar respostas aos questionários no âmbito dos MIS. Para agilizar o processo, a equipe realizou uma revisão completa dos especialistas em MIS em todos os 32 países da região e compartilhou as informações com os pontos focais para ajudá-los a coordenar os esforços de coleta de dados.

A coleta de dados ocorreu de novembro de 2023 a março de 2024. Ao longo desse período, a equipe organizou várias sessões de informação com representantes de 21 países da região. Essas sessões visavam esclarecer os objetivos da pesquisa, oferecer orientação detalhada sobre como utilizar e preencher o questionário e responder a quaisquer perguntas levantadas por funcionários do governo. No total, 20 países participaram da pesquisa. A equipe recebeu 85 respostas aos questionários de MIS e 16 países responderam ao questionário sobre capacidades. As 85 respostas aos questionários de MIS foram distribuídas da seguinte forma: 13 países responderam ao questionário sobre o sistema de informações de gestão da educação (SIGE), 11 países responderam ao questionário sobre aquisições (e-Procurement), 14 países responderam ao questionário sobre o sistema de informações de gerenciamento de saúde (SIGS), 14 países responderam ao questionário sobre o sistema de informações de gerenciamento de recursos humanos (SIGRH), 16 países responderam ao questionário sobre o sistema de informações de gerenciamento de finanças públicas (SIGF) e 17 países responderam ao questionário sobre o sistema de informações de gerenciamento de impostos (SIGT).

A tabela A.1 apresenta uma lista detalhada dos entrevistados por país e organização, e a tabela A.2 lista os países participantes por questionário.

A equipe analisou meticulosamente todas as respostas para garantir a consistência, a abrangência e a comparabilidade dos dados e, ao mesmo tempo, identificou as áreas que precisam de mais evidências ou documentação. Durante esse processo, a equipe entrou em contato com cada país para obter informações adicionais, esclarecimentos e exemplos para contextualizar melhor suas respostas.

TABELA A.1 Países e organizações que participaram da pesquisa

País	Organizações participantes, por questionário
Bahamas	**Capacidades:** Departamento de Tecnologia da Informação e Comunicação
Barbados	**Capacidades:** Ministério da Indústria, Inovação, Ciência e Tecnologia **SIGRH:** Ministério do Serviço Público **SIGT:** Autoridade Tributária de Barbados
Belize	**Capacidades:** Ministério de Serviços Públicos, Energia, Logística e Governança Eletrônica **SIGE:** Ministério da Educação, Cultura, Ciência e Tecnologia **SIGS:** Ministério da Saúde e Bem-Estar **SIGRH:** Ministério do Serviço Público, Reforma Constitucional e Política e Assuntos Religiosos **SIGF:** Ministério das Finanças **SIGT:** Serviço de Impostos de Belize, Ministério das Finanças
Bolívia	**Capacidades:** Agência de Governo Eletrônico e Tecnologias de Informação e Comunicação **SIGE:** Ministério da Educação **e-Procurement:** Ministério da Economia e Finanças Públicas **SIGS:** Ministério da Saúde e Esportes **SIGRH:** Ministério da Economia e Finanças Públicas **SIGF:** Ministério da Economia e Finanças Públicas **SIGT:** Serviço de Impostos Nacionais
Brasil	**Capacidades:** Ministério da Gestão e da Inovação em Serviços Públicos **SIGF:** Secretaria do Tesouro Nacional **SIGT** Secretaria Especial da Receita Federal

(continuação)

TABELA A.1 Países e organizações que participaram da pesquisa *(continuação)*

País	Organizações participantes, por questionário
Chile	**Capacidades:** Secretaria de Governo Digital **SIGE:** Ministério da Educação **e-Procurement:** ChileCompra **SIGS:** Ministério da Saúde **SIGRH:** Serviço Civil **SIGF:** Ministério da Fazenda **SIGT:** Serviço de Impostos Internos
Colômbia	**SIGF:** Ministério da Fazenda **SIGT:** Direção de Impostos e Alfândegas Nacionais
Costa Rica	**Capacidades:** Ministério da Ciência, Inovação, Tecnologia e Telecomunicações **SIGE:** Ministério da Educação Pública **e-Procurement:** Ministério da Fazenda **SIGS:** Ministério de Saúde **SIGRH:** Direção Geral de Serviços Civis **SIGF:** Ministério da Fazenda **SIGT:** Ministério da Fazenda
Dominica	**Capacidades:** Projeto de Transformação Digital do Caribe **SIGE:** Ministério da Educação, Planejamento de Recursos Humanos, Formação Profissional e Excelência Nacional **e-Procurement:** Governo da Comunidade da Dominica **SIGS:** Autoridade de Hospitais da Dominica **SIGRH:** Departamento de Estabelecimento, Pessoal e Treinamento **SIGF:** Governo da Comunidade da Dominica **SIGT:** Governo da Comunidade da Dominica
República Dominicana	**SIGRH:** Ministério da Administração Pública **SIGF:** Ministério da Fazenda
Equador	**Capacidades:** Ministério das Telecomunicações e da Sociedade da Informação **SIGE:** Ministério da Educação **e-Procurement:** Serviço Nacional de Contratação Pública **SIGS:** Ministério da Saúde Pública **SIGRH:** Ministério do Trabalho **SIGF:** Ministério da Economia e Finanças **SIGT:** Serviço de Receita Federal
Guatemala	**Capacidades:** Comissão Presidencial de Governo Aberto e Eletrônico **SIGE:** Ministério da Educação **e-Procurement:** Ministério de Finanças Públicas **SIGS:** Ministério de Saúde Pública y Assistência Social **SIGRH:** Escritório Nacional de Serviço Civil **SIGF:** Ministério de Finanças Públicas **SIGT:** Superintendência de Administração Tributária
Honduras	**Capacidades:** Escritório da Presidência da República **SIGE:** Secretaria de Educação **e-Procurement:** Oficina Normativa de Contratação e Aquisições do Estado **SIGS:** Secretaria de Saúde **SIGRH** Administração Nacional de Serviço Civil **SIGF:** Secretaria de Finanças **SIGT:** Administração de Alfândegas

(continuação)

TABELA A.1 Países e organizações que participaram da pesquisa *(continuação)*

País	Organizações participantes, por questionário
Jamaica	**Capacidades:** eGov Jamaica Limited **e-Procurement:** Comissão de Contratações Públicas **SIGS:** Ministério da Saúde e Bem-Estar **SIGT:** Administração Tributária
Panamá	**Capacidades:** Autoridade Nacional para a Inovação Governamental **SIGE:** Ministério da Educação **e-Procurement:** Direção Geral de Contratações Públicas **SIGS:** Ministério da Saúde **SIGRH:** Ministério da Presidência **SIGF:** Ministério da Economia e Finanças **SIGT:** Ministério da Economia e Finanças
Paraguai	**Capacidades:** Ministério de Tecnologias de Informação e Comunicação **SIGE:** Ministério da Educação e Ciências **e-Procurement:** Direção Nacional de Contratações Públicas **SIGS:** Ministério da Saúde Pública e Bem-estar Social **SIGRH:** Vice ministério do Capital Humano e Gestão Organizacional **SIGF:** Ministério da Economia e Finanças **SIGT:** Direção Nacional de Impostos Tributários
Peru	**Capacidades:** Secretaria de Governo e Transformação Digital **SIGE:** Ministério da Educação **SIGF:** Ministério da Economia e Finanças **SIGT:** Superintendência Nacional de Alfândegas e de Administração Tributária
São Vicente e Granadinas	**SIGS:** Ministério da Saúde, Bem-estar e Meio Ambiente
Trinidad e Tobago	**Capacidades:** Ministério da Transformação Digital **SIGE:** Ministério da Educação **SIGS:** Ministério da Saúde **SIGRH:** Departamento de Comissões de Serviço **SIGF:** Ministério das Finanças **SIGT:** Divisão de Receita Federal
Uruguai	**Capacidades:** Agência de Governo Eletrônico e Sociedade da Informação e do Conhecimento **SIGE:** Administração Nacional de Educação Pública **e-Procurement:** Agência Reguladora de Compras Estatais **SIGS:** Ministério da Saúde Pública **SIGRH:** Escritório Nacional do Serviço Civil **SIGF:** Ministério da Economia e Finanças **SIGT:** Direção Geral Impositiva

Fonte: Tabela original para esta publicação.
Nota: A tabela lista as principais organizações envolvidas no preenchimento de cada questionário, mas outras organizações também contribuíram. SIGE = Sistema Integrado de Gestão de Educação; e-Procurement = sistema de informações de gerenciamento de aquisições; SIGS = Sistema Integrado de Gestão de Saúde; SIGRH = Sistema Integrado de Gestão de Recursos Humanos; SIGF = Sistema Integrado de Gestão Financeira; SIGT = Sistema Integrado de Gestão Tributária.

TABELA A.2 Países que participaram da pesquisa, por questionário

Questionário	Países participantes
Capacidades	Bahamas, Belize, Bolívia, Brasil, Chile, Costa Rica, Dominica, Equador, Guatemala, Honduras, Jamaica, Panamá, Paraguai, Peru, Trinidad e Tobago, Uruguai
SIGE	Belize, Bolívia, Chile, Costa Rica, Dominica, Equador, Guatemala, Honduras, Panamá, Paraguai, Peru, Trinidad e Tobago, Uruguai
e-Procurement	Bolívia, Chile, Costa Rica, Dominica, Equador, Guatemala, Honduras, Jamaica, Panamá, Paraguai, Uruguai
SIGS	Belize, Bolívia, Chile, Costa Rica, Dominica, Equador, Guatemala, Honduras, Jamaica, Panamá, Paraguai, São Vicente e Granadinas, Trinidad e Tobago, Uruguai
SIGRH	Barbados, Belize, Bolívia, Chile, Costa Rica, Dominica, Equador, Guatemala, Honduras, Panamá, Paraguai, República Dominicana, Trinidad e Tobago, Uruguai
SIGF	Belize, Bolívia, Brasil, Chile, Colômbia, Costa Rica, Dominica, Equador, Guatemala, Honduras, Panamá, Paraguai, Peru, República Dominicana, Trinidad e Tobago, Uruguai
SIGT	Barbados, Belize, Bolívia, Brasil, Chile, Colômbia, Costa Rica, Dominica, Equador, Guatemala, Honduras, Jamaica, Panamá, Paraguai, Peru, Trinidad e Tobago, Uruguai

Fonte: Tabela original para esta publicação.
Nota: A tabela lista os países que responderam a cada questionário. SIGE = Sistema Integrado de Gestão de Educação; e-Procurement = sistema de informações de gerenciamento de aquisições; SIGS = Sistema Integrado de Gestão de Saúde; SIGRH = Sistema Integrado de Gestão de Recursos Humanos; SIGF = Sistema Integrado de Gestão Financeira; SIGT = Sistema Integrado de Gestão Tributárial.

APÊNDICE B

Tipos de sistemas de informações de gerenciamento e suas funções

Sistema de informações de gerenciamento de recursos humanos

Um SIGRH é uma plataforma projetada para simplificar e automatizar o gerenciamento de recursos humanos em organizações governamentais. Normalmente, ele abrange várias funções de recursos humanos, como administração de pessoal, planejamento da força de trabalho, gestão de remuneração, desenvolvimento de carreira e treinamento, acompanhamento da frequência, recrutamento e implantação, mobilidade e gestão de desempenho (Cortázar Velarde, Lafuente e Sanginés 2014; Nunberg 2021). Os principais objetivos de um SIGRH são garantir a conformidade com as regras de folha de pagamento existentes, aumentar a produtividade dos funcionários públicos e garantir a eficiência nas funções de recursos humanos, como recrutamento, rotação e demissões (Farooq e Kim 2023).

Sistema de informações de gerenciamento financeiro público

Um SIGF é uma plataforma projetada para simplificar e automatizar as operações financeiras dentro das unidades orçamentárias e de tesouraria. Normalmente, abrange várias funções de execução orçamentária, como contas a pagar e a receber, gestão de compromissos e caixa, relatórios financeiros, formulação de orçamentos, auditoria, gestão de dívidas e gestão de investimentos públicos. O principal objetivo de um SIGF é fornecer informações financeiras relevantes, oportunas e confiáveis para planejar, executar e monitorar as finanças públicas (Pimenta e Pessoa 2016). Além disso, esse tipo de MIS contribui para a alocação eficaz e eficiente dos recursos públicos, promove a transparência fiscal e vincula os processos de gestão das finanças públicas às funções do governo (Dorotinsky e Watkins 2013; Pimenta e Pessoa 2016).

Sistema de informações de gerenciamento de aquisições

Um sistema de e-Procurement é uma plataforma projetada para otimizar o processo de contratações públicas para organizações governamentais, aumentando a eficiência e a concorrência, e transparência das atividades de aquisição (OECD, n.d.). Normalmente, abrange várias dimensões do ciclo de aquisições, como planejamento orçamentário e preparação de propostas; licitação, processo de licitação e avaliação de propostas; adjudicação e assinatura de contratos; execução e monitoramento de contratos; e logística (Cocciolo, Samaddar e Fazekas 2023; UNOPS 2021). O principal objetivo de um sistema de aquisições é aumentar a transparência, a eficiência e a concorrência, fornecendo às partes interessadas informações de contratações de forma oportuna, precisa e acessível para otimizar a alocação de recursos, mitigar riscos e garantir a conformidade com os regulamentos de aquisições (Banco Mundial, 2011).

Sistema de informações de gerenciamento de impostos

O SIGT é uma plataforma projetada para simplificar e automatizar o gerenciamento, a contabilidade e os relatórios de tarefas e transações relacionadas a impostos. Normalmente, abrange várias funções de tributação, como registro de contribuintes, processamento de declarações, tratamento e avaliação de pagamentos de impostos, gestão de recursos e objeções, cobrança e restituição de impostos, cancelamento de registros, emissão de certificados de liberação de impostos e relatórios interinstitucionais (Yoon, Chaithanya e Kong, 2014).

Os principais objetivos de um SIGT são fornecer dados fiscais precisos e confiáveis para fortalecer os principais processos de negócios da administração tributária, bem como controlar a conformidade e aprimorar os mecanismos de aplicação da cobrança de impostos (Junquera- Varela e Lucas-Mas 2024).

Sistema de informações de gerenciamento de educação

Um SIGE é uma plataforma que permite ao setor público coletar, monitorar, gerenciar, analisar e disseminar informações sobre insumos, processos e resultados educacionais (Abdul-Hamid 2017). Normalmente, abrange vários processos de planejamento, monitoramento e avaliação educacional, inclusive matrícula de alunos, acompanhamento de frequência, análise de desempenho acadêmico, gestão de currículo, distribuição de professores, gestão de instalações e materiais, gestão de recursos financeiros e manutenção da infraestrutura escolar (Abdul-Hamid 2017). O principal objetivo de um SIGE é fornecer informações sistemáticas, relevantes, oportunas e precisas para que os governos possam examinar e fortalecer o desempenho de seus sistemas educacionais (Porta e Arcia 2011).

Sistema de informações de gerenciamento de saúde

Um SIGS é uma plataforma projetada para simplificar e automatizar o gerenciamento e a prestação de serviços de saúde nos sistemas de saúde pública. Normalmente, abrange várias dimensões do sistema de saúde, incluindo registros de pacientes individuais, vigilância de doenças, serviços prestados, resultados de saúde, padrões de utilização de serviços de saúde, gerenciamento de instalações de saúde, registros da comunidade, inventário farmacêutico e gerenciamento de pessoal de saúde (Lippeveld et al. 2019). Os principais objetivos de um SIGS são gerar informações em todos os âmbitos do sistema de saúde para melhorar a prestação de serviços de saúde e alocar recursos de forma otimizada (OPAS 2021).

REFERÊNCIAS

Abdul-Hamid, Husein. 2017. "What Is an Education Management Information System and Who Uses It?" In *Data for Learning: Building a Smart Education Data System*, 7–16. Washington, DC: World Bank. https://doi.org/10.1596/978-1-4648-1099-2.

Cocciolo, Serena, Suxhmita Samaddar, and Mihaly Fazekas. 2023. "Government Analytics Using Procurement Data." In *The Government Analytics Handbook: Leveraging Data to Strengthen Public Administration*, edited by Daniel Rogger and Christian Schuster, chap. 12. Washington, DC: World Bank. https://doi.org/10.1596/978-1-4648-1957-5.

Cortázar Velarde, Juan Carlos, Mariano Lafuente, and Mario Sanginés, eds. 2014. *Serving Citizens: A Decade of Civil Service Reforms in Latin America (2004–13)*. Washington, DC: Inter-American Development Bank. https://publications.iadb.org/en/serving-citizens-decade-civil-service-reforms-latin-america-2004-13.

Dorotinsky, William, and Joanna Watkins. 2013. "Government Financial Management Information Systems." In *The International Handbook of Public Financial Management*, edited by Richard Allen, Richard Hemming, and Barry H. Potter, chap. 36. New York: Palgrave Macmillan. https://doi.org/10.1057/9781137315304_37.

Farooq, Khuram, and Galileu Kim. 2023. "Creating Data Infrastructures for Government Analytics." In *The Government Analytics Handbook: Leveraging Data to Strengthen Public Administration*, edited by Daniel Rogger and Christian Schuster, chap. 9. Washington, DC: World Bank. https://doi.org/10.1596/978-1-4648-1957-5.

Junquera-Varela, Raúl Félix, and Cristian Óliver Lucas-Mas, eds. 2024. *Revenue Administration Handbook*. Washington, DC: World Bank. https://doi.org/10.1596/978-1-4648-2053-3.

Lippeveld, Theo, Tariq Azim, David Boone, Vikas Dwivedi, Michael Edwards, and Carla AbouZahr. 2019. "Health Management Information Systems: Backbone of the Health System." In *The Palgrave Handbook of Global Health Data Methods for Policy and Practice*, edited by Sarah B. Macfarlane and Carla AbouZahr, 165–81. London: Palgrave Macmillan. https://doi.org/10.1057/978-1-137-54984-6_9.

Nunberg, Barbara. 2021. "Strengthening Subnational Human Resource Management Systems: A Primer. Equitable Growth, Finance and Institutions Insight." World Bank, Washington, DC. https://documents.worldbank.org/pt/publication/documents-reports/documentdetail/099225502022348809/p1754490dbaaa300f0a2b60af27d2e3508c.

OECD (Organisation for Economic Co-operation and Development). n.d. "Methodology for Assessing Procurement Systems." Accessed March 30, 2024. https://www.oecd.org/gov/public-procurement/methodology-assessing-procurement/.

PAHO (Pan American Health Organization). 2021. *Eight Guiding Principles of Digital Transformation of the Health Sector: A Call to Pan American Action*. Washington, DC: PAHO. https://iris.paho.org/handle/10665.2/54256.

Pimenta, Carlos, and Mario Pessoa, eds. 2016. *Public Financial Management in Latin America: The Key to Efficiency and Transparency*. Washington, DC: International Monetary Fund. https://doi.org/10.18235/0000083.

Porta, Emilio, and Gustavo Arcia. 2011. "Improving Information Systems for Planning and Policy Dialogue: The SABER EMIS Assessment Tool." World Bank, Washington, DC. https://www.academia.edu/41964853/Improving_Information_Systems_for_Planning_and_Policy_Dialogue_The_SABER_EMIS_Assessment_Tool_SABER_System_Assessment_and_Benchmarking_for_Education_Results.

UNOPS (United Nations Office for Project Services). 2021. *UNOPS Procurement Manual.* Revision 7, last modified July 1, 2021. Copenhagen, Denmark: UNOPS. https://content.unops.org/service-Line-Documents/Procurement/UNOPS-Procurement-Manual-2021_EN.pdf.

World Bank. 2011. *e-Procurement Reference Guide.* Washington, DC: World Bank. https://documents1.worldbank.org/curated/ar/751741468163749785/pdf/882160WP0Box380ementReferenceGuide.pdf.

Yoon, Seok Yong, Chava Chaithanya, and Dongsung Kong. 2014. *Tool Kit for Tax Administration Management Information System.* Mandaluyong, Philippines: Asian Development Bank. https://www.adb.org/sites/default/files/publication/150133/tool-kit-tax-administration-management-information-system.pdf.